Zu diesem Buch

«Klassische» Spiellieder entstaubt und mit neuen Texten präsentiert, ergänzt durch viele aktuelle Songs – und schon entsteht eine Mixtur, mit der Eltern, Erzieherinnen und Grundschullehrer Kinder auf den Geschmack bringen können. Singen und Spielen sind Kindern ein Bedürfnis. Im Spiellied hat sie der bekannte Kinderliedermacher und Musikpädagoge Wolfgang Hering zusammengebracht. Mit den vielen Tipps für Finger-, Echo- und Partnerspiele, Spielgedichte und Tanzspiele werden die Erwachsenen immer wieder von den Zwei- bis Zehnjährigen zu hören bekommen: «Noch mehr!»
Zu diesem Buch erscheint ein Tonträger bei der «Deutschen Grammophon», Bestell-Nr.: CD 459842-2/ISBN 3-8291-0870-2; MC 459842-4/ISBN 3-8291-0871-0. Weitere Stücke auf «Purzelbaum und Kissenschlacht».

Wolfgang Hering, Dipl.-Päd., zwei Kinder, ist seit 1994 freiberuflicher Sänger und Musikpädagoge. Soloauftritte, Fortbildungsangebote für Erzieherinnen und Lehrer. Mitglied der populären Kinderliedergruppe TRIO KUNTERBUNT. Veröffentlichungen u. a.: «Kinderleichte Kanons» und «Klang- und Klatschgeschichten» bei Ökotopia; «Bewegungslieder für Kinder» (rororo 19681) – 1998 bereits in der 4. Auflage.

Wolfgang Hering

Spiel-Lieder mit Pfiff

Spaß und Bewegung
für Kinder ab 2

Mit Illustrationen
von Evelin Ostermann

rororo

Rowohlt

rororo Mit Kindern leben

Herausgegeben von Bernhard Schön und Horst Speichert
Redaktion: Bettina Mähler, Bernhard Schön

die **Deutsche Liga**
für das Kind

Partner von *rororo Mit Kindern leben*

Originalausgabe
Veröffentlicht im Rowohlt Taschenbuch Verlag GmbH,
Reinbek bei Hamburg, April 1999
Copyright © 1999 by Rowohlt Taschenbuch Verlag GmbH,
Reinbek bei Hamburg
Umschlaggestaltung Büro Hamburg
(Illustration: Jürgen Pankarz)
Alle Rechte vorbehalten
Satz Apollo ITC Highlander, PostScript, QuarkXPress 3.32
Gesamtherstellung Clausen & Bosse, Leck
Printed in Germany
ISBN 3 499 160 610 0

Die Schreibweise entspricht den Regeln der neuen Rechtschreibung.

Inhalt

Muntermacher

Heimliche Hits

Im Wald und auf der Wiese

Rund ums Wasser

Es geht in die Luft

Rollenspiel und Zauberei

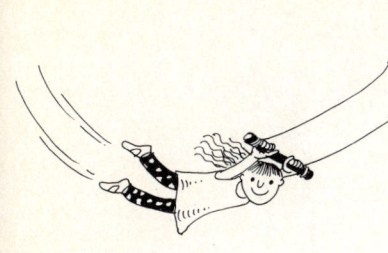

Die Renner
für das Kinderturnen

Winterzeit und Ausklang

Nachwort 140

Muntermacher

Wir spielen und fangen lustig an

mündlich überliefert

Wir spielen, wir spielen und fangen lustig an.
Und wenn der Daumen nicht mehr kann,
dann kommt der Zeigefinger dran.
Wir spielen, wir spielen und fangen lustig an.

Wir spielen, wir spielen und fangen lustig an.
Und wenn der Zeigefinger nicht mehr kann,
dann kommt der Mittelfinger
(Ringfinger, kleine Finger, die ganze Faust) dran.
Wir spielen, wir spielen und fangen lustig an.

... Und wenn die Faust nicht mehr kann,
dann kommt der Ellenbogen dran.

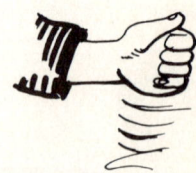

.. dann kommt der Fuß zum Stampfen dran.

.. dann kommt der Kopf zum Wackeln dran.

Dies ist ein einfaches Spiellied zum Einstieg.

Bewegungsspiel

Alle beginnen mit einem Daumen. Dann bewegen sich die anderen angesprochenen Finger im Takt des Liedes. Andere Körperteile kommen dazu: Die Füße stampfen, der Kopf wackelt usw. Es gibt also immer zwei Bewegungen in einer Strophe. Achtung: Die Körperbezeichnungen haben unterschiedliche Silbenanzahl und Betonungen.

Tischspiel

Der genannte Finger pocht im Rhythmus auf den Tisch. Es folgen die anderen Finger, immer einer nach dem anderen, dann die ganze flache Hand. Schließlich schlagen die Faust und der Ellenbogen dazu.

Spiel mit Kleinkindern

Jeweils vier Takte werden zum Ausspielen der Bewegungen wiederholt. Das Stück hat dann drei Teile, die jeweils zweimal gesungen werden:

1. «Wir spielen ...»,
2. «Und wenn der Daumen ...»,
3. «Wir spielen ...».

Die Zappelhände

Text: Wolfgang Hering
Musik: mündlich überliefert

Manch-mal da zap-peln mei-ne Hän-de ganz von selbst. Manch-mal da
zap-peln mei-ne Hän-de ganz von selbst. Wenn mei-ne
Hän-de zap-peln, kann ich nichts da-für, es ist halt
da und zap-pelt ein-fach so bei mir.

Manchmal, da zappeln meine Hände ganz von selbst.
Manchmal, da zappeln meine Hände ganz von selbst.
Wenn meine Hände zappeln, kann ich nichts dafür,
es ist halt da und zappelt einfach so bei mir.

Auf einmal schnalzt auch meine Zunge plötzlich los.
Auf einmal schnalzt auch meine Zunge plötzlich los.
Wenn meine Zunge schnalzt, weiß ich nicht mehr aus noch ein.
Sie schnalzt und macht das kurzerhand von ganz allein.

Sieh an, da wackeln meine Knie hin und her.
Sieh an, da wackeln meine Knie hin und her,
Erst wackeln sie ganz leicht, dann wackeln sie noch mehr,
kann nichts dafür, sie wackeln einfach hin und her.

Ja, meine Schuhe fangen dann zu tanzen an.
Ja, meine Schuhe fangen dann zu tanzen an.
Ja, meine Schuhe sind gut drauf, es geht so richtig los.
Ich muss da mit, im Tanzen sind sie ganz schön groß.

Dann dreht mein Po sich plötzlich rundherum im Kreis.
Dann dreht mein Po sich plötzlich rundherum im Kreis.
Dann dreht mein Po, da wird mir ganz schön heiß.
Er ist ganz aufgedreht und saust herum im Kreis.

Da kommt ein Floh ins Ohr und sagt noch: «Hüpf dazu!»
Da kommt ein Floh ins Ohr und sagt noch: «Hüpf dazu!»
Da kommt ein Floh ins Ohr und sagt: «Hüpf wie eine Maus!»
Ich kann nicht anders und spring richtig hoch hinaus.

Der Floh ruft: «Eins, zwei, drei – es ist vorbei.»

Die Melodie dieses Liedes stammt von dem Gospelsong
«You gotta sing».

Bewegungslied

Bei diesem schwungvollen Lied, das gut zum «Aufwärmen» geeignet ist, besteht während des Singens viel Zeit zum Spielen der
Tätigkeiten. Deshalb können schon ganz kleine Kinder mitmachen. Es geht ganz sachte los. Zum Schluss werden die Spielaktio-
nen immer lebhafter.
Lassen Sie die Kinder weitere Bewegungen vorschlagen.

Hallo! Schön, dass du da bist

mündlich überliefert

Hal - lo, hal - lo! Schön, dass du da bist. Hal -
lo, hal - lo, ich freu - e mich so sehr. Die
Ha - cken und die Spit - zen, die wol - len nicht mehr sit - zen. Die
Fer - sen und die Ze - hen, die müs - sen wei - ter - ge - hen.

Hallo, hallo! Schön, dass du da bist.
Hallo, hallo, ich freue mich so sehr.
Die Hacken und die Spitzen,
die wollen nicht mehr sitzen.
Die Fersen und die Zehen,
die müssen weitergehen.

Spiellied zu zweit

Dies ist ein Partnerspiel, das entweder von einem Paar in der Kreismitte oder gemeinsam in der Gruppe gestaltet wird.

Das Kind, das beginnt, sucht sich einen Partner. Beide begrüßen sich und führen dann die Körpergesten aus. Am Ende bestimmt das ausgewählte Kind einen neuen Mitspieler.

Man kann das Lied auch im Schneeballsystem spielen. Aus zwei werden dann vier, aus vier acht Mitwirkende usw.

Mein Vorschlag für einen Bewegungsablauf, der gleichzeitig von beiden Partnern ausgeführt wird.

Hallo, hallo! *gegenseitiges Händeschütteln*
(oder abwechselnd winken)

Schön, dass du da bist.
beide klopfen dem anderen je zweimal
auf die eine und dann auf die andere
Schulter

Hallo, hallo, *Händeschütteln*
(oder abwechselnd winken)

ich freue mich so sehr.
dreimal gegeneinander klatschen

Die Hacken und die Spitzen,
sich an den Händen fassen
(oder auch im freien Raum)

die wollen nicht mehr sitzen.

> *dann jeweils beginnend mit dem rechten*
> *und dann dem linken Fuß –*
> *abwechselnd mit den Zehen (Spitze)*
> *am Boden aufsetzen*

Die Fersen und die Zehen,

> *Wiederholung von e und f –*
> *und die Hände loslassen*

die müssen weitergehen.

> *sich voreinander verbeugen, dann sucht*
> *sich jeder einen neuen Tanzpartner*

Zum Schluss kann gesungen werden: «Die Fersen und die Zehen, die bleiben einfach stehen.»

Kreisspiel

Einen Außenkreis und einen Innenkreis bilden, sodass sich immer zwei Kinder – die jeweils ein Paar bilden – von Angesicht zu Angesicht gegenüberstehen. Dann die Bewegungen ausführen. Beim nächsten Durchgang wechseln die Partner.

Spiel mit Kleinkindern

Erwachsene und Kinder stehen sich im ersten Teil des Liedes gegenüber und winken sich zu. Bei der Textstelle «Die Hacken …» drehen sich alle auf der Stelle, oder die Erwachsenen nehmen die Kinder an einer Hand und drehen sie im Kreis.

Guten Morgen

Eberhard Metsch

„Guten Morgen", sagt mein Finger, schaut, er winkt euch zu.
Höflich verbeugt er sich vor euch, das kannst auch du.
„Guten Morgen", sagt die Nase, schaut, sie winkt euch zu,
schnüffelt durch den ganzen Raum und riecht an meinem Schuh. Der
Finger gibt der Nase einen Kuss. Die
Nase kriegt'nen Schreck, so - dass sie niesen muss. „Hatschi."

«Guten Morgen», sagt mein Finger,
schaut, er winkt euch zu.
Höflich verbeugt er sich vor euch,
das kannst auch du.
«Guten Morgen», sagt die Nase,
schaut, sie winkt euch zu,
schnüffelt durch den ganzen Raum
und riecht an meinem Schuh.

Refrain: Der Finger gibt der Nase einen Kuss.
Die Nase kriegt 'nen Schreck,
sodass sie niesen muss. «Hatschi.»

«Guten Morgen», sagt mein Fuß,
vor Freude tritt er los,
streckt sich ganz weit weg von mir
und legt sich auf den Schoß.

«Guten Morgen», sagt mein Kopf
und fängt zu wackeln an,
schüttelt alle Haare,
so wild er es nur kann.

Der Fuß gibt dem Kopf, der Kopf gibt dem Finger,
der Finger gibt der Nase einen Kuss.
Die Nase kriegt 'nen Schreck,
sodass sie niesen muss. «Hatschi.»

«Guten Morgen», sagt mein Mund,
die Zunge winkt euch zu,
streckt sich ganz lang heraus:
mm mm mm . . .
«Guten Morgen», sagt mein Knie
und fängt zu zappeln an,
wackelt immer wilder,
wie ein Zappelmann.

Der Mund gibt dem Knie, das Knie gibt dem Fuß,
der Fuß gibt dem Kopf, der Kopf gibt dem Finger,
der Finger gibt der Nase einen Kuss.
Die Nase kriegt 'nen Schreck,
sodass sie niesen muss. «Hatschi.»

Dies ist ein Lied des Wiesbadener Musikpädagogen Eberhard
Metsch, genannt Zinnobro.

Bewegungsspiel

«Guten Morgen» wird am besten im Sitzen gesungen und gespielt, weil sich der Fuß an einer Stelle auf den Schoß legen soll.
Es gehört einige Übung dazu, die Bewegungen in der richtigen
Reihenfolge zu machen. Und: Das Spiel wird zunehmend
schwieriger, weil die Bewegungen am Schluss ohne Pause aneinander hängen.

Der Nussbaum

mündlich überliefert

Der Nussbaum hat sein Laub verlor'n,
wer will dafür sorgen?
Das soll die/der liebe (Name einsetzen) tun,
wir wünschen ihr/ihm guten Morgen!
Guten Morgen! Guten Morgen!

Der Nussbaum ist ein altes Namensspiel aus dem deutschen
Sprachraum.

Kreisspiel

In der Kreismitte steht ein Kind. Wenn «Guten Morgen» gesungen wird, verbeugen sich alle vor ihm. Das Kind kehrt pantomimisch das Laub weg, danach sucht es sich ein anderes Kind, das in die Mitte kommt. Beim nächsten Durchgang wird der neue Name gesungen und der Text entsprechend angepasst.
Selbstverständlich lassen sich die Baumbezeichnungen auch verändern, so z. B. ... «Der Kirschbaum hat sein Laub verlor'n.»

Und das Echo kommt zurück

Text: Wolfgang Hering
Musik: mündlich überliefert

Am großen Berg (am großen Berg),
hoch überm Tal (hoch überm Tal).
Da war ich schon (da war ich schon),
sehr viele Mal (sehr viele Mal).
Da gibt's die Schlucht (da gibt's die Schlucht),
wo es richtig hallt (wo es richtig hallt),
und da ruf ich einmal kurz, warte einen Augenblick,
und das Echo kommt zurück.

Dort singt manchmal
von Fall zu Fall
auf einem Baum
eine Nachtigall.

22

Muntermacher

Sie singt sehr hoch,
ganz wunderbar.
Und ich höre ihren Ton, warte einen Augenblick,
und das Echo kommt zurück.

Ganz selten stapft
ein Bär dort rum.
Er brummt ganz tief
und ist nicht dumm.
Das hört sich dann
ganz lustig an.
Und ich hör das Gebrumm, warte einen Augenblick,
und das Echo kommt zurück.

Das Original stammt aus Amerika und heißt «Down by the bay».

Singspiel

Dies ist ein Echolied, bei dem die ersten sechs Zeilen einer Strophe jeweils von der Gruppe wiederholt werden – mit Ausnahme der Schlussphrase. Damit knüpft das Lied an die «Call-and-response-Gesänge» der Gospelsongs an. Das Singen kann variiert werden: z. B. die erste Strophe in einer mittleren, die zweite in einer hohen und die dritte in einer tiefen Stimmlage.

Variante

Es gibt noch eine weitere beliebte Interpretation, bei der auf die Melodie gesungene Nonsenssilben zwischen den Strophen eingebaut werden. Einer gibt sie vor, z. B. «Badab'n dab'n dab'n du» – und alle anderen wiederholen diese Phrase, d. h. die eine Strophe Text, eine «Strophe» Unsinnsphrasen auf die Melodie.

Heimliche Hits

Das Flohfangen

mündlich überliefert

Kommt der Früh-ling in das Land, fan-gen al-le Leu-te mit dem Floh-fan-gen an. Kommt der Früh-ling in das Land, fan-gen al-le Leu-te mit dem Floh-fan-gen an. Oh oh oh, du ar-mer Floh, hast sechs Bei-ne, und du hüpfst ja so.

Kommt der Frühling in das Land,
fangen alle Leute mit dem Flohfangen an.

Refrain:
Oh, oh, oh, du armer Floh,
hast sechs Beine, und du hüpfst ja so.
Oh, oh, oh, du armer Floh,
hast sechs Beine, und du hüpfst ja so.

Kommt der Floh ins Bett hinein,
baut er sich ein Nest dort rein.

Macht der Floh den ersten Stich,
schaut er zu, und alle kratzen sich.

Wird der Floh beim Stich ertappt,
hau'n wir zu, sodass es kracht.

Doch der Floh ist gar nicht dumm,
läuft davon und sticht woanders rum.

Dieses Lied ist in verschiedenen Fassungen bekannt. In dieser Version gelingt es dem Floh zu entkommen, in den meisten jedoch glückt ihm das nicht.

Klatsch- und Bewegungsspiel

Darstellungsvorschläge:
• Die sechs Beine werden jeweils von drei Fingern jeder Hand gespielt.
• Dann darf entweder mit den Fingern auf den Oberschenkeln gehopst werden (im Sitzen), oder die Kinder dürfen an dieser Stelle durch den ganzen Raum hüpfen.
• Beim «Bett» halten alle wie zum Schlafen beide Hände an den Kopf.
• Das «Nest» mit Daumen und Zeigefinger bilden.
Das Flohstechen, Kratzen, Zu- und Abhauen kann jeder so darstellen, wie er will.

Das rote Pferd

Text: mündlich überliefert
Rechte des Originaltitels «Milord»
Musik + Text: Georges Moustaki/Marguerite Angèle Monnot
© 1969 by LES EDITIONS SALABERT S.A.,
für Deutschland und Österreich:
Musikverlag Intersong GmbH, Hamburg

Da hat das ro - te Pferd sich ein - fach um - ge - dreht und hat mit sei - nem Schwanz die Flie - ge ab - ge - wehrt. Die Flie - ge war nicht dumm und mach - te summ summ summ und flog mit viel Ge - brumm ums ro - te Pferd he - rum.

Da hat das rote Pferd
sich einfach umgedreht
und hat mit seinem Schwanz
die Fliege abgewehrt.
Die Fliege war nicht dumm
und machte summ, summ, summ
und flog mit viel Gebrumm
ums rote Pferd herum.

Da war sie wieder da
und machte groß Trara,
obwohl sie doch nur eine
kleine Fliege war.
Und sie sprach: «Bitte sehr,
ich find das gar nicht fair,
wenn du nicht aufhörst,
hol ich meine Freunde her.»

Viele kennen die Melodie des Evergreens «Milord» – gesungen von Edith Piaf und komponiert von Georges Moustaki. Für den Spielleiter dürfte es deshalb trotz der «schrägen» Töne kein Problem mit dem Singen geben.

Aber aufpassen: Das Stück endet nicht mit der Grundtonart, ein eigener Schluss muss gefunden werden.

Bewegungsspiel mit Gesten

Zu dieser deutschen Textversion gibt es für die erste Strophe eine einfache Bewegungsabfolge:

Da hat das rote Pferd
beide Hände vor dem Körper im Taktschlag
auf und ab bewegen, wobei nur die Fingerspitzen
die Schenkel berühren

sich einfach umgedreht
die Arme überkreuzen und die
gleiche Bewegung fortführen

und hat mit seinem Schwanz
linke Hand stützt den rechten Ellenbogen,
rechter Unterarm wedelt

die Fliege abgewehrt.
bei «Fliege» einmal klatschen

Die Fliege war nicht dumm
mit dem Zeigefinger drohen

und machte summ, summ, summ
*Daumen und restliche Finger klappen vor dem Körper
auf und nieder*

und flog mit viel Gebrumm
*mit den Ellenbogen eine
Flügelbewegung darstellen*

ums rote Pferd herum.
*Kreisbewegung mit dem
rechten Zeigefinger*

Das Tempo steigern.
Wer hält es am längsten durch?

Ringlein, Ringlein, du musst wandern

mündlich überliefert

Ringlein, Ringlein, du musst wandern,
von dem einen zu dem andern.
Das ist schön, das ist schön,
niemand darf das Ringlein sehn.

Dies ist eines der bekanntesten und zugleich ältesten schriftlich überlieferten deutschen Spiellieder. Es wird oft auch mit dem Text «Taler, Taler, du musst wandern» gesungen. Aufzeichnungen gibt es schon in Liederbüchern, die Mitte des 19. Jahrhunderts erschienen sind. Dort findet sich der Hinweis, dass vor dem Raten ein kleiner Vers gesprochen werden kann: «Nun rate du / mein liebes Kind, / wer hat den allerschönsten Ring?» Tippt das ratende Kind richtig, darf es den Platz in der Mitte einnehmen. Hat es falsch geraten, kommt das Kind mit dem verschwundenen Ring oder Taler dorthin.

Ratespiele

Die folgende Variante wird häufig gespielt: Ein Ring wird an einer Schnur befestigt. Ein Kind geht aus dem Zimmer. Die Kinder halten sich im Kreis an der Schnur fest und schieben den Ring möglichst unbemerkt weiter. Das Kind von draußen kommt wieder herein und stellt sich in die Mitte des Kreises. Es muss nun raten, wo sich der Ring befindet.
Etwas schwieriger ist das Spiel, wenn die Schnur hinter dem Rücken gehalten wird.

Varianten

1. Die Kinder stehen im Kreis. Sie halten beide Handflächen aneinander gedrückt, nur oben zwischen den Daumen bleibt ein kleiner Spalt. Das Kind in der Mitte hat einen Ring oder ein Geldstück zwischen den Händen. Es streicht beim Singen über die ausgestreckten Hände und lässt dabei heimlich unterwegs den Ring oder den Taler in zwei Hände fallen. Nun kann geraten werden, und zwar so:
• Das Kind, das am Ende des Liedes an der Reihe ist, darf dreimal einen Tipp abgeben.
• Während des Spiels geht ein zweites Kind in die Mitte und beobachtet den «Ringverteiler». Hat dieser den Ring oder den Taler fallen lassen, rät das zweite Kind.

2. Es werden zwei Kreise gebildet. Ein Kind im Innenkreis übernimmt die Rolle des Taler- oder Ringverteilers. Die Kinder aus dem Außenkreis raten, wo er sich befindet. Wer danebentippt, scheidet aus. Wer als Erster richtig geraten hat, kommt in die Mitte des inneren Kreises. Die Außenrunde wird dabei immer kleiner.

Heimliche Hits

Spiel mit Kleinkindern

Die Kinder sagen den Spruch: «Oh, wie rappelt das in meinem Butterfass hin und her», nun dürfen sie nacheinander ihre Hände schütteln und prüfen, ob sie den Taler oder den Ring darin hören.

Oh, dreht euch

Text: mündlich überliefert
Musik: mündlich überliefert

Zehn kleine Finger lagen in einem Bett
und der ganz kleine sagt: «Oh, dreht euch.»
Und da drehten sie sich nun,
da ist einer rausgefallen,
waren's neun kleine Finger
und der ganz kleine sagt:
«Oh, dreht euch.»
Neun kleine Finger …
… waren's acht kleine Finger
usw.

Schluss:
Ein kleiner Finger lag in einem Bett
und der ganz kleine sagt: «Ich dreh mich.»

Heimliche Hits

Und da drehte er sich nun
und ist selber rausgefallen,
ruft noch: «Alle zehn Finger
kommt zurück ins Bett,
schlaft ein jetzt.»

Als Fingerspiel

Das Stück können Sie Ihrem Kind als Abwechslung zur «Gute-
nachtgeschichte» vorspielen. Am Anfang tanzen alle zehn Finger
und drehen sich hin und her. Dann verschwindet nach und nach
immer ein Finger, bis am Schluss nur noch einer der beiden ganz
kleinen Finger übrig bleibt. Und dann schlafen alle Finger fest in
ihrer Hand.
Eine schöne Übung für die Feinmotorik!

Als Spiel mit Kleinkindern

Sie nehmen der Reihe nach immer einen neuen Finger Ihres Kindes und klappen ihn an der Stelle «Da ist einer rausgefallen ...»
nach innen – bis alle Finger umgeknickt sind.

Peter Hammer

mündlich überliefert

Peter klopft mit einem Hammer,
einem Hammer, einem Hammer,
Peter klopft mit einem Hammer,
grade so wie ich.

Döng döng didel didel döng,
didel didel didel didel döng döng.
Döng döng didel didel döng,
didel didel didel didel döng.

Peter klopft mit zwei (drei, vier, fünf etc.) Hämmern ...

Heimliche Hits

Rhythmusspiel

Die Hand zur Faust ballen und zum
Taktschlag des Liedes auf das Knie
klopfen. In der zweiten Strophe
kommt die zweite Faust hinzu.
Dann abwechselnd mit den beiden
Fäusten klopfen. Schließlich stampft
beim dritten Durchgang der Fuß
den dritten Taktschlag.
Also: eine Faust, andere Faust, ein Fuß,
d. h., wir haben nun einen Dreier-
rhythmus, der zum Zweivierteltakt
schwierig auszuführen ist!
Wenn der zweite Fuß mitstampft,
ist die Umsetzung wieder einfacher.
Am Ende wackelt der Kopf vorsichtig
seitlich hin und her.
(Vorsicht: Fünferrhythmus!)

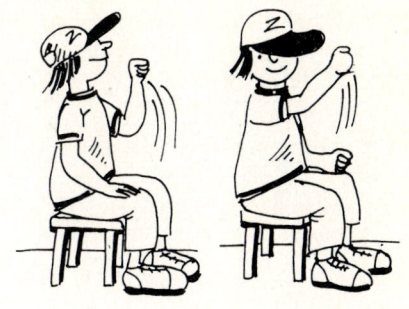

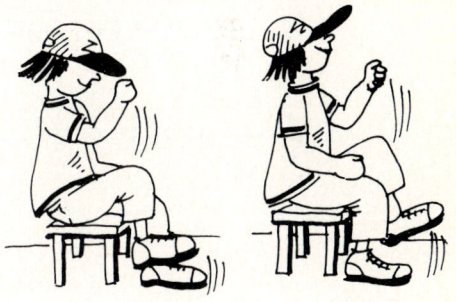

Variante

Die Bewegungen werden nicht nacheinander,
sondern gleichzeitig ausgeführt. Man beginnt
mit einer Hand, dann kommt die zweite hinzu.
Nun noch ein Fuß, und dann noch der andere.
In der fünften Strophe klopfen die beiden Hände,
beide Füße stampfen, und zu alledem wackelt
der Kopf hin und her (im Zweivierteltakt).

Bingo

mündlich überliefert

Ein Bauer hatte einen Hund
und Bingo war sein Name.
B-I-N-G-O, B-I-N-G-O, B-I-N-G-O
und Bingo war sein Name.
B-I-N-G-O.

Lied, bei dem Buchstaben zunehmend durch Klatscher ersetzt
werden.

Klatschspiel

Zunächst wird das Lied mit vollständigem Text gesungen. Dabei
wird Bingo lautiert (d. h. die einzelnen Buchstaben gesprochen):
Be-I-En-Ge-O. Beim nochmaligen Singen statt des Buchstabens
«B» einmal klatschen. Beim nächsten Durchgang «B» und «I»

Heimliche Hits

durch Klatschen ersetzen usw. Im siebten Durchgang wird dann der ganze Name im Rhythmus geklatscht, also zwei Viertel, zwei Achtel und ein Viertel.

Tanzlied

Das Original kommt aus dem englischsprachigen Raum und wird mit dem Text gesungen: «There was a farmer had a dog and Bingo was his name – oh. B-I-N-G-O.» Bekannt ist dazu die folgende Tanzfassung:
Paare – an den Händen gefasst – stehen im Kreis. Alle bewegen sich beim Singen des ersten Teils in einer Richtung. Wenn das Buchstabieren kommt, lösen sich die Paare und bilden jeweils einen Innen- und Außenkreis. Nach einem vorher verabredeten Zeichen bleibt der Außenkreis stehen. Der Innenkreis geht entge-

gengesetzt zur Tanzrichtung und klopft zu den fünf folgenden Buchstaben beginnend mit dem ersten Partner die folgenden Personen des Außenkreises (insgesamt fünf) einmal rechts- und einmal linksherum mit einer Hand jeweils ab.

Spiel mit Kleinkindern

Eltern und Kinder stehen abwechselnd und drehen sich im Kreis. Beim Buchstabieren bewegen sich alle in die Kreismitte. Schließlich stellen sich die Kinder in der letzten Zeile mit dem Rücken vor die Eltern. Die Erwachsenen fassen ihre Kinder an den Schultern und schieben sie in die Mitte. Bei «Oh» werden sie unter den Achseln hochgehoben und nach außen getragen.

Im Wald
und auf
der Wiese

Ich hol mir eine Leiter

mündlich überliefert

Ich hol mir ei - ne Lei - ter und stei - ge auf den Ap-fel -baum. Dann
steig ich im - mer wei - ter, so hoch, man sieht mich kaum. Ich
pflü - cke, ich pflü - cke, mal ü - ber mir, mal un - ter mir, mal
links und mal rechts, mein gan - zes Körb-chen voll.

Ich hol mir eine Leiter
und steige auf den Apfelbaum.
Dann steig ich immer weiter,
so hoch, man sieht mich kaum.
Ich pflücke, ich pflücke,
mal über mir, mal unter mir,
mal links und mal rechts,
mein ganzes Körbchen voll.

Dann steig ich immer weiter
und halt mich an den Zweigen fest.
Dann setz ich mich gemütlich
auf einen dicken Ast.
Ich wippe, ich wippe,
di wipp di wapp, di wipp di wapp.
Ich wippe, ich wippe
und falle nicht herab.

Dies ist ein sehr altes Spiellied, bei dem
die Liedhandlung gestisch dargestellt
wird.

Spiellied

Während der ersten vier Zeilen steigen
alle auf einer unsichtbaren Leiter empor.
Dann macht jeder Mitspieler mit einer
Hand Pflückbewegungen, nach oben,
nach unten, nach links und nach rechts,
in einen Korb, den er mit der anderen
Hand darstellt. Wir steigen immer weiter, die Hände greifen
höher und höher. Schließlich setzen wir uns pantomimisch auf
einen Ast und schaukeln nach vorne und nach hinten.
Am Schluss fallen alle mit dem Ausruf «Krr, krr, knacks» vom
Baum herunter und landen auf dem Boden.
Das Lied ist eine gute Gleichgewichts- und Balanceübung und
zeigt die Unterscheidung von «links» und «rechts» für die Ver-
kehrserziehung. Jüngere Kinder singen folgenden Text für die
letzten beiden Zeilen: «Ich pflücke, ich pflücke, ich pflücke in
den Korb.»

Spiel mit einer Leiter

Das Lied auf einer wirklichen Leiter spielen. Es ist gar nicht so
einfach, die Balance zu halten. Die Erwachsenen können Hilfe-
stellung geben.

Grünes Gras

mündlich überliefert

Grü - nes Gras, grü - nes Gras, un - ter mei - nen Fü - ßen.
Hab ver - lo - ren mei - nen Schatz, werd ihn su - chen müs - sen.
Such ihn hier, such ihn dort. Un - ter die - sen al - len
wird be - stimmt wohl ei - ne(r) sein, der/die könn - te mir ge - fal - len.
Dreh dich um, dreh dich um, bist du's o - der bist du's nicht?
Ja, ja, du bist es wohl, komm, wir wol - len tan - zen.

Grünes Gras, grünes Gras
unter meinen Füßen.
Hab verloren meinen Schatz,
werd ihn suchen müssen.
Such ihn hier, such ihn dort.
Unter diesen allen
wird bestimmt wohl eine/einer sein,
der/die könnte mir gefallen.

Dreh dich um, dreh dich um,
bist du's oder bist du's nicht?
Ja, ja, du bist es wohl,
komm, wir wollen tanzen.

So sympathisch dieses alte Tanz-
stück ist, die Handlung der
Originalfassung gefällt mir
nicht. Denn dabei wird zunächst immer ein Kind abgelehnt:
«Geh nur fort, ich mag dich nicht.» Außenseiter können durch
solche Spielzüge leicht zusätzlich isoliert werden. Ich schlage
deshalb vor, nur die positiven Textteile aufzugreifen und z. B.
abwechselnd einen Jungen und ein Mädchen aussuchen oder
den Suchenden mit geschlossenen Augen wählen zu lassen.

Tanzspiel

Alle stehen mit dem Gesicht nach außen im Kreis. Einer geht innen im Kreis herum und hält am Ende der ersten Strophe die
Hand über den Kopf eines Kindes – und wählt es damit als Tanz-
partner aus. Das gewählte Kind dreht sich um. Die Kinder im
Kreis wenden sich ebenfalls nach innen und setzen sich in die
Hocke. Das Paar tanzt zu folgendem gesprochenen oder zu eigener Melodie gesungenen Text:

> Auf dem Berge Sinai,
> summ summ summ,
> da tanzen sieben Zwerge,
> summ summ summ.

Das erste Kind verabschiedet sich, und das ausgewählte Kind beginnt eine neue Runde.

Variante für größere Gruppen

Das Lied wie oben im Schneeballsystem spielen. Die Tanzenden
suchen sich nach jedem Durchgang jeweils einen neuen Partner.
Am Ende tanzen alle.

Bunter Vogel

Bernhard Hering / Wolfgang Hering / Bernd Meyerholz

Als klei - ner Vo - gel bin ich aus mei - nem Nest ge - tappt.
Ich hab ver - sucht zu flie - gen -
ganz schnell hat es ge - klappt.
Ich bin ein bun - ter Vo - gel, flieg ü - bers Land und
ü - bers Meer. Ein - mal hoch und ein - mal run - ter, ein - mal
hin und ein - mal her.

Als kleiner Vogel bin ich
aus meinem Nest getappt.
Ich hab versucht zu fliegen –
ganz schnell hat es geklappt.

Refrain:
Ich bin ein bunter Vogel,
flieg übers Land und übers Meer.
Einmal hoch und einmal runter,
einmal hin und einmal her.

Wald und Wiese

Ich bin ein bunter Vogel
und fliege durch die Welt.
Seh viele tolle Sachen,
doch was mir nicht gefällt,
ist dieses schwarze Monster,
das guckt ganz böse drein.
Ist nur 'ne Vogelscheuche –
fall ich doch nicht drauf rein.

Refrain

Mal kommt ein großer Sturm auf –
und ich vor Angst fast um.
Ich dreh mich so im Kreise
und wirbel rundherum.
Mir fliegt was um die Ohren.
Ich hör ein Pfiff und Pfaff,
duck mich und such das Weite,
was ich so grad noch schaff.

Refrain

Ich treff 'ne kranke Taube,
die sieht so müde aus.
Ich streichel sie am Flügel,
sie fliegt mit mir nach Haus.
Ich nehm sie mit nach Süden,
treff noch 'nen Elefant.
Wir alle werden Freunde
und spielen dort am Strand.

Refrain

Es wird mit dem Refrain aufgehört, denn nur so endet das Lied
auf der Grundtonart.

Bewegungsspiel

Beim Refrain sollen alle mitfliegen:

- mit ausgebreiteten Armen
- oder so, dass die Handfläche der rechten Hand auf der Handfläche der linken Hand liegt.

Die Daumen sind zur Seite gestreckt und imitieren den Flügelschlag der Vögel. Arme oder Hände fliegen dann dem Text entsprechend auf und ab und hin und her.

Auch die Strophen lassen sich darstellen. Besprechen Sie das vorher in der Gruppe! Und bereiten Sie es gemeinsam mit den Kindern vor!

Spiel mit Kleinkindern

Die Erwachsenen nehmen die Kinder hoch und fliegen mit ihnen im Refrain:

Einmal hoch und
einmal runter,
einmal hin
und einmal her.

Wir wandern mit dem Bollerwagen

Wolfgang Hering

Refrain:
Wir wandern mit dem Bollerwagen,
wandern durch den Wald.
Und manchmal bleiben wir auch steh'n
und machen einen Halt.

Dann schau'n wir den vielen Ameisen zu,
die krabbeln uns über die Wanderschuh.

Dann schau'n wir den vielen Ameisen zu,
die krabbeln und bau'n immerzu.

Dann geh'n wir in eine Höhle hinein,
das kann hier ganz gefährlich sein.
Wir gehen in eine Höhle hinein
und fall'n über einen Stein.

An Brennnesseln laufen wir vorbei,
da gibt es plötzlich viel Geschrei.
An Brennnesseln laufen wir vorbei,
Das brennt und juckt – auwei.

Wir kommen dann zu einem Teich.
Da ist der Boden matschig und weich.
Wir kommen dann zu einem Teich
und schau'n nach den Fischen sogleich.

Das Lied ist eine schöne Vorbereitung für einen Waldspaziergang.
Die Kinder können neue Strophen erfinden und Erlebnisse in Bilder umsetzen: z. B. Schnecken vorbeikriechen lassen, einen Baum pflanzen oder mit kleinen Ästen etwas zusammenbauen.

Kreisspiel mit Stopps

Alle stellen sich im Kreis auf und fassen sich an den Händen. Zum Refrain im Kreis loslaufen. Vorsicht, wenn der eigentliche Liedtext beginnt: Taktwechsel!
Jetzt bleiben alle stehen und stellen den Text der Strophe dar:
• Zwei Finger krabbeln als Ameisen über die Schuhe.
• Die Hände tasten sich in einer Höhle vorwärts und stolpern über einen unsichtbaren Stein.

- Das Brennnesseljucken wegkratzen.
- Die schweren Beine waten langsam durch den sumpfigen Matsch.

Spiel mit Kleinkindern

Die Erwachsenen sind die Bollerwagen und nehmen dafür die Kinder auf die Schultern. Die Kinder spielen dann dort oben einzelne Strophen – und zwar ohne Vorgaben aus dem Stegreif.

Hin und her im grünen Walde

mündlich überliefert

Hin und her im grünen Walde,
hin und her im grünen Walde,
hin und her im grünen Walde,
du sollst mir folgen.
Klipper, klipper, klapper auf die Schulter,
klipper, klipper, klapper auf die Schulter,
klipper, klipper, klapper auf die Schulter,
du sollst mir folgen.

Ein überliefertes Spiellied nach dem Schneeballprinzip.

Wald und Wiese

Partnerspiellied

Ein Kind beginnt in der Kreismitte
und läuft dann, während die ersten drei
Zeilen gesungen werden, innen am Kreis
entlang. Nun wählt es an der Textstelle
«Du sollst mir folgen» ein anderes Kind
aus, um mit ihm ein Paar zu bilden.

Die beiden Partner stellen sich gegenüber. Dann klopfen sie
• bei «klipper, klipper» – beide gleichzeitig
– zweimal mit der rechten Hand auf die
linke (von sich aus rechte) Schulter des
anderen
• und bei «klapper» mit der linken Hand
auf die rechte (von sich aus linke) Schulter
des anderen
• und anschließend fortlaufend
im Taktschlag zweimal rechts und
zweimal links.

Beim letzten «Du sollst mir folgen» fassen sich
beide an den Händen. Wenn das Lied zu Ende
gesungen worden ist, lösen sich beide und
suchen sich jeder einen neuen Partner.
Das geht so weiter, bis sich der Kreis in
lauter Paare aufgelöst hat.

Im Sommer, da ist die schönste Zeit

Text: mündlich überliefert
Musik: mündlich überliefert / Wolfgang Hering

Im Som - mer, im Som - mer, da ist die schöns - te Zeit. Da freu'n sich die Kin - der und auch die al - ten Leut. Und wer in die - sem Krei - se steht, der macht es so wie ich. Ich klat - sche, ich klat - sche, könnt ihr mich al - le seh'n? Wir klat - schen, wir klat - schen, wir ha - ben dich ge - seh'n. Dann müs - sen wir uns al - le ein - mal auf der Stel - le dreh'n.

1
Im Sommer, im Sommer,
da ist die schönste Zeit.
Da freu'n sich die Kinder
und auch die alten Leut.

2
Und wer in diesem Kreise steht,
der macht es so wie ich.
Ich klatsche, ich klatsche,
könnt ihr mich alle seh'n?

3	4
Wir klatschen, wir klatschen, wir haben dich geseh'n.	Dann müssen wir uns alle einmal auf der Stelle dreh'n.

Ich habe den Text dieses alten deutschen Spielliedes etwas abge-wandelt.

Tanzspiel

Alle haben sich an den Händen gefasst, ein Kind steht im Kreis:
• Während der ersten acht Takte gehen alle im Kreis herum, das Kind in der Mitte in die entgegengesetzte Richtung.
• Im zweiten Teil denkt sich das Kind im Kreis eine Tätigkeit aus, z. B. Tanzen, Lachen, Weinen, Winken, Hüpfen, Wackeln. Alle bleiben dabei stehen.
• Die Vorgaben werden von den Kindern übernommen, sie singen dabei den Wiederholungstext (Teil 3).
• Im vierten Teil drehen sich alle einmal um die eigene Achse, und das Kind in der Mitte sucht sich eine andere Person, die seine Rolle einnimmt.

Variation

Der Kreis bleibt (während des ersten Teils) stehen. Dann tritt ein Kind in den Kreis, singt allein Teil zwei und führt pantomimisch etwas vor. Alle wiederholen die Gesten (Teil drei). Am Schluss dreht sich der Kreis in entgegengesetzter Richtung nach außen, und das Kind in der Mitte wählt den nächsten «Vorturner» aus. Alle wenden sich wieder nach innen, fassen sich an den Händen, und das Spiel beginnt von vorne.

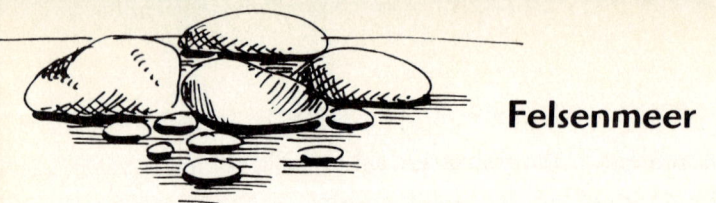

Felsenmeer

Text: Wolfgang Hering
Musik: mündlich überliefert

Nachts im Fel - sen - meer, wan - dern erst al - lei - ne und
dann zu - sam - men vie - le, vie - le Stei - ne.

Nachts im Felsenmeer,
wandern erst alleine
und dann zusammen
viele, viele Steine.

Es gibt viele schöne Lieder zum Spielen mit Steinen. Diese Melodie stammt von dem afrikanischen Singspiel «Ta Ta Te».
Steine gibt es überall, es eignen sich aber auch andere kleine, leichte Gegenstände (z. B. Kastanien).

Spiel mit Steinen

Alle sitzen im Kreis auf dem Fußboden. Jedes Kind hat einen Stein in der rechten Hand. Die linke Hand beginnt. Sie beschreibt einen hohen Bogen, greift den Stein in der rechten Hand, schwingt zurück und gibt ihn an den linken Nachbarn in dessen rechte Hand weiter. Gleichzeitig empfängt die rechte Hand einen Stein vom rechten Nachbarn. Sofort geht die linke Hand wieder im gleichen Bogen zurück und greift den nächsten Stein in der rechten Hand auf. Hier kommt es darauf an, dass alle Beteiligten alle Gesten ganz gleichmäßig ausführen, sodass eine fortlaufende rhythmische Bewegung entsteht.

Wer möchte, kann das Spiel langsam einüben:
• Erst den Text sprechen.
• Dann das Lied singen.
• Nun die Bewegung probieren.
• Erst jetzt alles zusammen machen.
• Langsam das Tempo steigern und vielleicht das Lied
  nur leise singen.

Das Spiel kann sich auf einen Vierteltakt-Schlag beziehen oder jede Bewegung umfasst einen halben Takt.

Variante 1

Nur einen Stein im Taktschlag des Liedes weitergeben. Das Kind, das am Ende des ersten Durchlaufs den Stein in der Hand hält, darf sich einen weiteren Stein aussuchen und das Spiel mit zwei Steinen von vorne beginnen. In der folgenden Runde sind es dann drei Steine usw.

Variante 2

Alle sitzen auf den Fersen im Kreis auf dem Boden. Vor dem rechten Knie liegt ein Stein. Zum Lied wird folgende Bewegungsfolge ausgeführt:
1. In die Hände klatschen.
2. Auf die Knie patschen.
3. Wieder klatschen.
4. Wieder patschen.
5. Stein mit der rechten Hand aufnehmen
6. und vor dem linken Knie ablegen.
7. Stein mit der rechten Hand aufnehmen
8. und vor dem rechten Knie ablegen.
Die Nummerierung entspricht dem Taktmetrum, d. h., bei vier Takten erfolgen zweimal die oben beschriebenen Bewegungen.

Rund

ums

Wasser

Der Schüttelfisch

Text: Gabi Lang / Wolfgang Hering
Musik: Wolfgang Hering

Ein Fisch, der schwimmt im großen Meer.
Er schüttelt sich auf einmal sehr.
Weit und breit ist er bekannt,
und Schüttelfisch wird er genannt.

Refrain:
Er schüttelt sich nach hinten,
schüttelt sich nach vorn,
schüttelt sich wie wild,
als wär er neugebor'n,
und lässt plötzlich das Schütteln sein
und legt eine Pause ein.

Er sucht sich gern von Zeit zu Zeit
einen Fisch, dann schütteln sie zu zweit.
Sie wackeln, zappeln – schwupp di wupp,
die andern machen: blubb blubb blubb.

Beide schütteln sich nach hinten,
schütteln sich nach vorn,
schütteln sich wie wild,
als wär'n sie neugebor'n,
lassen plötzlich das Schütteln sein
und legen eine Pause ein.

Das steckt die andern alle an.
Jeder schüttelt sich, so wie er kann.
Und alles zappelt jetzt im Meer,
denn Schütteln ist nicht schwer.

Ein Fisch, der schwimmt im gro - ßen Meer. Er schüt-telt sich auf
ein - mal sehr. Weit und breit ist er be - kannt, und
Schüt - tel - fisch wird er ge - nannt. Er schüt-telt sich nach hin - ten,
schüt-telt sich nach vorn, schüt-telt sich wie wild als wär er neu-ge-bor'n,
lässt plötz-lich das Schüt-teln sein und legt ei-ne Pau - se ein.

Alle schütteln sich nach hinten,
schütteln sich nach vorn,
schütteln sich wie wild,
als wär'n sie neugebor'n,
lassen plötzlich das Schütteln sein
und legen eine Pause ein.

Da kommt ein großer Hai vorbei
und plötzlich niest der eins, zwei, drei.
Und alle Fische rundherum,
sind mäuschenstill und stumm.

Keiner schüttelt sich nach hinten,
schüttelt sich nach vorn,
schüttelt sich nicht wild,
als wär er neugebor'n,
alle bleiben auf der Stelle steh'n,
was wird denn jetzt gescheh'n?

Der Hai verzieht sein Haigesicht,
denn Schüttelfisch, der schmeckt ihm nicht.
Er sagt noch kurz: «Auf Wiederseh'n»,
und das Schütteln kann weitergeh'n.

Alle schütteln sich nach hinten,
schütteln sich nach vorn,
schütteln sich wie wild,
als wär'n sie neugebor'n,
lassen plötzlich das Schütteln sein
und legen eine Pause ein.

Als Fingerspiel

Eine Hand spielt den Fisch, der schwimmt und sich dabei schüttelt, die andere Hand stellt den Hai dar. Dafür bieten sich die erste, vierte und fünfte Strophe an.

Theaterspiel im Raum

Die Rollen werden verteilt: der Schüttelfisch, der Hai und die restlichen Fische. Nun kann das Spiel beginnen. Der Schüttelfisch sucht sich in der zweiten Strophe einen Partner. Beide schütteln bei diesem Lied gründlich alle beweglichen Körperteile aus: Arme, Beine, Schultern, Kopf. Aber auch das Ruhigsein müssen sie können. Es ist gar nicht so einfach, sich überhaupt nicht zu bewegen.

Spiel mit Kleinkindern

Der Text wird reduziert, z. B. auf die erste Strophe und den anschließenden Refrain. Die Erwachsenen packen ihre Kinder und schütteln sie wie einen Schüttelfisch, dann nach hinten und nach vorn ...

Goldene Brücke

mündlich überliefert

Zie - he durch, zie - he durch, durch die gold'- ne
Brü - cke. Sie ist ent - zwei, sie ist ent - zwei, wir
woll'n sie wie - der fli - cken. Der Ers - te kommt, der
Zwei - te kommt, der Drit - te muss ge - fan - gen sein.

Ziehe durch, ziehe durch,
durch die gold'ne Brücke.
Sie ist entzwei, sie ist entzwei,
wir woll'n sie wieder flicken.
Der Erste kommt, der Zweite kommt,
der Dritte muss gefangen sein.

Das Lied geht auf die klassische Brücken-Spielidee zurück, bekannt in England durch «London Bridge» und im spanischspre-
chenden Raum durch «La vibora de la mar». Das Spiel lässt sich
bis ins Mittelalter hinein zurückverfolgen.

Brückenspiel

Zwei Kinder überlegen sich vor dem Spiel zwei gegensätzliche Begriffe, z. B. Himmel oder Hölle, Feuer oder Wasser, Äpfel oder Birnen. Sie ordnen die Begriffe je einem Kind zu. Dann bilden sie zusammen eine Brücke, indem sie sich so weit wie möglich auseinander stellen, an den Händen fassen und die Arme hochnehmen. Unter dieser «Armbrücke» laufen die Kinder der Reihe nach durch. Dabei singen sie das Lied. Bei der Textstelle «Der *Dritte* muss gefangen sein» fängt die «Brücke» das unter ihr befindliche Kind und fragt: «Wohin willst du? In den Himmel oder die Hölle?» Oder: «Was magst du? Feuer oder Wasser?» Oder: «Was isst du lieber? Äpfel oder Birnen?» Nachdem das Kind gewählt hat, stellt es sich hinter das entsprechende Brückenkind.

Das Spiel wird so lange wiederholt, bis niemand mehr übrig geblieben ist.

Am Schluss können die Engel gewiegt und die Teufel gerüttelt werden. Oder: Die sich nun gegenüberstehenden Reihen bilden zwei Mannschaften, die sich mit einem Wettspiel messen, z. B. beim Tauziehen.

Ruderlied

mündlich überliefert

Wir ha-ben Kraft, sind stark und groß. Wir stei-gen in das

Boot und schon geht die Rei- se los. Wir fah-ren zu den Bäu-men, tra-

ri - tra - ra - tra - ru. Wir flie-gen un-ter den Zwei - gen

ü-ber das Was-ser da-hin. Fass das Ru-der mit fes-tem Griff,

zieh es nach hin-ten, gleich fliegt das Schiff. Tra - la - la, tra - la - la,

ru - der ganz kräf-tig, dann sind wir bald da. Tra- la-la, tra- la-la,

ru - der ganz kräf - tig, dann sind wir bald da.

Intro: [normales Tempo]
Wir haben Kraft,
sind stark und groß.
Wir steigen in das Boot,
und schon geht die Reise los.

1 [normales Tempo]
Wir fahren zu den Bäumen,
traritraratraru.
Wir fliegen unter den Zweigen
über das Wasser dahin.

Refrain:
Fass das Ruder
mit festem Griff,
zieh es nach hinten,
gleich fliegt das Schiff.
Tralala, tralala,
ruder ganz kräftig,
dann sind wir bald da.
Tralala, tralala,
ruder ganz kräftig,
dann sind wir bald da.

2 [langsam]
Wir fahren zu den Schwänen,
traritraratraru,
die plätschern ganz langsam
über das Wasser dahin.

Fass das Ruder ...

3 [schnell]
Wir fahren zu der Insel,
traritraratraru,
und rudern immer schneller,
der Weg ist noch ganz weit.

Fass das Ruder ...

4 [langsamer werdend]
Wir fahren jetzt nach Hause,
traritraratraru.
Am Ufer winken die Leute.
Hallo, gleich sind wir da.

Fass das Ruder ...

Bewegungsspiel

Bei diesem abwechslungsreichen Ruderlied sitzen alle – rudernd – auf dem Boden oder in mehreren Reihen hintereinander. Es wird in drei Teilen gesungen und gespielt:

1. *Intro:* «Wir haben Kraft ...». Alle zeigen ihre Muskeln und steigen dann pantomimisch in ein Boot.

2. *Die Strophen:* Sie können mit unterschiedlichem Tempo gesungen werden:

    Strophe 1: normales Tempo,
    Strophe 2: langsames Tempo,
    Strophe 3: schnelleres Tempo,
    Strophe 4: langsamer werdendes Tempo.

Etwas prosaischer ausgedrückt: Es geht los mit einer mittleren Geschwindigkeit, dann folgt eine langsame Version. Beim dritten Durchgang wird im schnellen Turbogang gerudert, und schließlich plätschert das Lied langsam dem Ende entgegen.

3. *Refrain:* Der Refrain wird ebenfalls mit unterschiedlichen Geschwindigkeiten gesungen, und zwar mit den gleichen wie in den vorhergehenden Strophen.

Auf der Donau

mündlich überliefert

Auf der Donau woll'n wir fahren,
wo ein Schifflein sich dreht.
Und das Schifflein, das heißt (einen Namen einsetzen)
und der / die (…) kommt mit.

Kreisspiel

Die Kinder halten sich an den Händen und gehen entgegen dem Uhrzeigersinn im Kreis. Ein Kind wird als Schifflein bestimmt und geht andersherum außen um den Kreis. Dieses «Schiff» sucht sich beim nächsten Durchgang ein anderes Kind aus, indem es nach dem Durchsingen der Strophe einen Namen nennt. Das ausgewählte Kind hängt sich nach hinten an das «Schiff» an. Beim nächsten Durchgang bestimmt das hinterste Kind den «Anhang». So wird der Außenkreis immer größer. Das Kind, das übrig bleibt, kann eine neue Schiffskolonne beginnen.

Flamingos

Robert Metcalf

Flamingos steh'n auf einem Bein,
ob jung, ob alt, ob groß, ob klein.
Uns scheint es unbequem zu sein.
Flamingos steh'n auf einem Bein.

Das Gleichgewicht auf einem Fuß
zu halten ist schon schwer – kannst du's?
Flamingos tun es ohne Zwang
und manchmal sogar stundenlang.

Das Fliegen üben sie im Steh'n.
So wird es später schneller geh'n.
Wenn's wackelt, ist das ganz normal,
und kippst du um – versuch's nochmal.

Die Kinder stöhnen oft «Oh nein!
Schon wieder nur auf einem Bein,
das sehen wir ja gar nicht ein!»
Und stehen dann auf allen zwei'n.

Dann zeigen sie die tollsten Tricks
wie Hüftewackeln – das geht fix.
Oder auf Zehenspitzen steh'n
und dann ganz groß spazieren geh'n.

Genug mit diesem Firlefanz,
jetzt Schluss mit so 'nem Affentanz.
Das seh'n Flamingo-Kinder ein
und steh'n nochmal auf einem Bein.

Bei Regen und bei Sonnenschein,
in Gruppen oder ganz allein
und überhaupt und allgemein
Flamingos steh'n auf einem Bein.

Bewegungsspiel im Stehen

Die Kinder stehen wie Flamingos auf einem Bein und versuchen,
das Gleichgewicht zu halten. Das Tempo des Liedes kann entsprechend der Entwicklung der Kinder gesteigert werden. Nach Be-
darf lässt sich das Stück kürzen: Wenn Kinder das Stehen auf
einem Bein nicht länger als während der ersten Strophe durchhal-
ten. Dann geht man direkt zur vierten Strophe. Das Lied lässt sich
gut a cappella (ohne Instrumentalbegleitung) singen, weil dann
alle Kinder die Bewegungen mitmachen können.

Eine weitere Strophe zum Beinewechseln und für zwischendurch
lautet:

So geht das eine lange Zeit.
Man denkt: Sind die noch ganz gescheit?
Und wenn ein Bein mal nicht mehr kann,
dann kommt jetzt halt das andre dran.

(Volker Ell-Werth)

Es regnet ohne Unterlass

mündlich überliefert

Es regnet ohne Unterlass,
es regnet immerzu.
Die Schmetterlinge werden nass,
die Blümchen geh'n zur Ruh.
Bunter, bunter Falter,
komm, ach komm zu mir.
Und auch deinem Brüderlein
öffne ich die Tür.

Dieses Spiellied stammt aus Österreich. Ich habe es mit verschiedenen Spielanweisungen kennen gelernt. Der Text ist hier nach einer Idee von Bernd Meyerholz leicht abgewandelt.

Spiellied mit wechselnden Rollen

Die Kinder stellen die Schmetterlinge dar – mit flatternden Armen. So bewegen sie sich auf der Kreisbahn. Bei «bunter, bunter Falter» bleiben die Schmetterlingskinder stehen und klatschen den Grundschlag.
Währenddessen sitzen im Kreisinnern einige Kinder als Blumen. (Achtung: Am Anfang nur eine kleine Anzahl von Blumen einteilen!) Die Blumen suchen sich zwei der Schmetterlinge aus, indem sie sie in die Mitte winken. Beim nächsten Durchgang des Liedes werden diese beiden Falter auch zu Blumen.
So lange wiederholen, bis nur noch ein oder zwei Schmetterlinge übrig geblieben sind. Diese dürfen dann für das nächste Spiel die neuen Blumen bestimmen.

Variante

Alle stehen auf der Kreisbahn und halten die gefassten Hände hoch. Jetzt immer zwei Kinder abzählen, die dann Paare bilden. Der Spielleiter kann bei einer ungeraden Anzahl Kinder als Joker mitspielen. Auf diese Weise bleibt keines der Kinder allein stehen. Außen fliegt ein Kind als Schmetterling herum. Nun wird das Lied gesungen, und die Kinder bewegen sich in einer Richtung. An der Stelle «Die Blümchen geh'n zur Ruh» setzen sich die Kinder paarweise dicht nebeneinander hin, halten aber ihre Hände immer noch hoch. Der Schmetterling fliegt weiterhin um den Kreis herum und sucht sich eine «Tür» – das sind zwei Kinder, die ihre Hände hochhalten. Dort schlüpft der Schmetterling durch und wählt schließlich das ihm nächste Kind, das beim folgenden Durchlauf den «bunten Falter» spielen darf. Das zweite Kind des Paares, zu dem der neue Falter gehört, geht mit dem ehemaligen Schmetterling eine neue Partnerschaft ein.

Statt eines Schmetterlings können auch zwei Falter fliegen («und auch deinem Brüderlein»).

Variante für kleinere Kinder

Alle stehen verteilt im Raum. Ein Kind ist der bunte Falter. Er hält einen aus buntem Krepppapier gebastelten Schmetterling in der Hand. Während das Lied gesungen wird, lässt das Kind seinen Schmetterling herumfliegen. Am Ende des Liedes den Schmetterling an den nächsten Falter weitergeben.

Es geht in die Luft

Raumschiff Orbi

Bernhard Hering / Wolfgang Hering / Bernd Meyerholz

Raumschiff Orbi steht zum Start bereit.
Raumschiff Orbi geht auf große Fahrt.
Raumschiff Orbi startet heut ins All.
Orbi ist schneller als der Schall.

Alle Astronauten geh'n an Bord.
Wenige Sekunden bis zum Start.
O. K. Alles klar! Die Motoren laufen schon.
Achtung, fertig, los – sie fliegen davon.

Die Astronauten lehnen sich zurück.
Die Astronauten halten sich gut fest.
Mit Volldampf geht die Fahrt ins Weltall los.
Die Kraft, die so ein Raumschiff hat, ist riesengroß.

Die Weltraumfahrt geht zum Planeten Summ.
Da summen alle Wesen nur herum.
Das summt und brummt auf Schritt und Tritt.
Die Astronauten summen einfach mit.

Weiter geht die Fahrt zum stillen Mond.
Auf diesem Mond, da hört man keinen Ton.
Die Astronauten fliegen alle stumm
um den stillen Mond herum.

Die Astronauten geh'n im All von Bord.
Die Astronauten sind ganz schwerelos.
Die Astronauten schweben durch den Raum,
umkreisen ihr Raumschiff wie im Traum.

Spiellied mit Liederwerkstatt

Das Orbi-Weltraum-Spektakel kann sehr schön
als Rollenspiel mit kleinen Requisiten
dargestellt werden:

- Der Sessel wird zur Kommandokapsel,
- der Tisch ist die Bodenstation,
- die Astronauten dekorieren sich mit
  Alufolie und Krepppapier.

Und los geht es auf große Abenteuerfahrt zu den
Planeten. Natürlich dürfen die Bewegungen im All – es werden
mehrere Planeten angefahren – nur sehr langsam im Zeitlupen-
tempo ausgeführt werden. Den ersten Teil einer Strophe jeweils
mit einer Roboterstimme sprechen. Erst dann einen Abschnitt
singen.

Lassen Sie die Kinder neue Weltraumabenteuer erfinden!

Kinderlieder-Werkstatt

Hier eine kleine Auswahl von Texten, die während einer Kinder-
lieder-Werkstatt mit Erzieherinnen entstanden sind:

Die Weltraumfahrt geht zum Planeten Eis.
Dort frieren alle, denn es ist nicht heiß.
Da schnattert der Po und bibbert der Bauch,
und unsre Astronauten frieren auch.

Weiter geht's zur Milchstraße dann,
wo man die Kuh noch richtig melken kann.
Wir geben uns alle einen Ruck
und nehmen einen großen Schluck.

Als Nächstes geht's zur Weltraumschlafstation,
was sind die müde – alle gähnen schon.
Das Gähnen steckt jetzt alle an,
und jeder gähnt so laut er kann.

Der Flug, der führt zu einem schönen Stern.
Da leben junge Leute furchtbar gern.
Alle machen einen Freudensprung
und sind auf einmal wieder jung.

Eine Gruppe hat sich sogar eine ganz eigene kleine Geschichte
ausgedacht:

Raumschiff Orbi rast ins All hinaus,
die Erde sieht von oben winzig aus.
Hier oben fühlen wir uns richtig frei,
was fliegt denn da an uns vorbei?

Im Dunkeln hört man einen kurzen Knall,
ein Schmatzen dringt da durch das All.
Zwei grüne Monster kommen auf uns zu,
eines fragt uns freundlich: «Wer bist denn du?»

Wir laden sie auf unser Raumschiff ein
und trinken einen Schnubberweltraumwein,
wir tanzen alle im Sitzen und im Steh'n,
dann müssen die Monster schon wieder geh'n.

Immer muss ein Schluss gefunden werden. In unserer
TRIO-KUNTERBUNT-Version schweben am Ende alle durch
den Raum.

Der Sandmann ist da

mündlich überliefert

Der Sandmann ist da,
der Sandmann ist da.
Er hat so schönen weißen Sand
und ist den Kindern wohlbekannt.
Der Sandmann ist da.

Der Sandmann ist da,
der Sandmann ist da.
Er hat so schönen weißen Sand,
den streut er übers ganze Land.
Der Sandmann ist da.

Der Sandmann ist ein verbreitetes Reihenspiellied. Es wird mit der Melodie des ebenso bekannten Liedes «Ein Schneider fing 'ne Maus» gesungen.

Tanz in zwei Reihen

Die Kinder stehen sich paarweise
in zwei Reihen gegenüber. Der
Abstand beträgt ca. zwei Meter.
Alle singen und klatschen dabei
im Takt des Liedes. Das letzte
Paar fasst sich an den Händen,
hüpft im seitlichen Galoppschritt
durch die von den Kindern gebildete Gasse und stellt sich am
Anfang der Kette wieder getrennt auf. Das Lied wird mit seinen
beiden Strophen so lange gesungen, bis alle Kinder dran waren.

Im Sitzen

Alle sitzen im Stuhlkreis oder auf dem Boden. Ein Kind geht mit
einem Säckchen herum. Nach dem Durchsingen einer Strophe machen alle Kinder im Kreis die Augen zu. Dann legt der Sandmann
sein Säckchen einem Kind unter den Stuhl oder hinter den
Rücken. Nun öffnen alle die Augen wieder. Wer das Säckchen vor
sich findet, darf der nächste Sandmann sein.

Spiel mit Kleinkindern

Die Erwachsenen stehen auf einer Seite und die Kinder vis-à-vis.
Es wird immer nur eine Strophe gesungen. Dann hüpfen beim Singen immer Groß und Klein gleichzeitig durch die Gasse – beginnend von einer Seite. Weil sich die Gasse immer weiterbewegt,
sollte genügend Platz vorhanden sein.

Der fliegende Bus

Wolfgang Hering

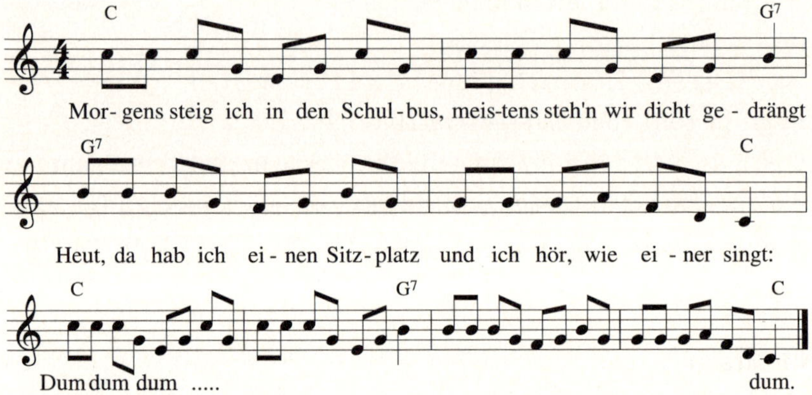

Mor- gens steig ich in den Schul-bus, meis-tens steh'n wir dicht ge - drängt

Heut, da hab ich ei - nen Sitz-platz und ich hör, wie ei - ner singt:

Dum dum dum ..... dum.

Morgens steig ich in den Schulbus,
meistens steh'n wir dicht gedrängt.
Heut, da hab ich einen Sitzplatz,
und ich hör, wie einer singt:

Dum, dum, dum ... dum.

Jeden Tag fahr ich zur Schule,
weil ich dorthin fahren muss.
Doch da ist heut was Besond'res,
denn es brummt der ganze Bus:

Dum, dum, dum ... dum.

Will noch eine Runde schlafen,
träum im Sitzen irgendwie.
Plötzlich brummt der Busmotor
eine leise Melodie.

Dum, dum, dum ... dum.

Schließlich steh'n wir vor der Schule,
alle Schüler strömen raus.
Und da hör ich meinen Lehrer,
ach, ich halt es nicht mehr aus:

Dum, dum, dum ... dum.

Mittags nach der letzten Stunde,
fährt der Bus wieder zurück,
plötzlich fängt er an zu fliegen,
macht am Himmel die Musik:

Dum, dum, dum … dum.

Und wir kurven durch die Wolken,
hoch hinauf zu einem Stern.
Und ich kann die and'ren Sterne
durch das Weltall singen hör'n:

Dum, dum, dum … dum.

Dieses Lied ist anlässlich einer Mitmachaktion für den Nordhessischen Verkehrsverbund entstanden. Motto: Weniger mit dem Auto fahren und mehr öffentliche Verkehrsmittel nutzen.

Musikalisches Spiel

Bei diesem Lied wird mit der Melodie gespielt, und zwar so, dass die Kinder die Silben «Dum, dum» in jeder Strophe anders singen:
- Im ersten Durchgang singen alle den Refrain normal,
- im zweiten Durchgang ganz leise,
- im dritten ganz laut,
- im vierten ganz tief,
- im fünften ganz hoch.

Der Schluss-Refrain kann in einem halbierten Tempo angestimmt werden. Und wer mag, kann sich andere Nonsenssilben für den Refrain ausdenken.

Auf der Insel Luftikus

Text: Wolfgang Hering / Bernd Meyerholz
Musik: Bernd Meyerholz

Auf der In - sel Luf - ti - kus da lie - gen still und stumm all die schö - nen Luft-bal-lons am Bo - den so he - rum. Wir kom - men heut als Gäs -te an beim gro - ßen In-sel - fest, um- ar - men zur Be - grü -ßung uns - re Luft-bal-lons ganz fest.

Refrain

Luft - bal - lon, Luft - bal - lon, Luft - bal - lon, Luft - bal - lon.

Begrüßung:

Auf der Insel Luftikus,
da liegen still und stumm
all die schönen Luftballons
am Boden so herum.
Wir kommen heut als Gäste an
beim großen Inselfest,
umarmen zur Begrüßung
unsre Luftballons ganz fest.

Wir halten einen Luftballon
ganz dicht vor unser'n Bauch.
Dann tanzt er auf 'nem Zeigefinger rum.
Das kannst du sicher auch.
Dann werden uns're Luftballons
nach oben angestupst
und kriegen mit der ganzen Hand
auch noch den nächsten Schubs.

Refrain:
Luftballon, Luftballon, Luftballon, Luftballon.

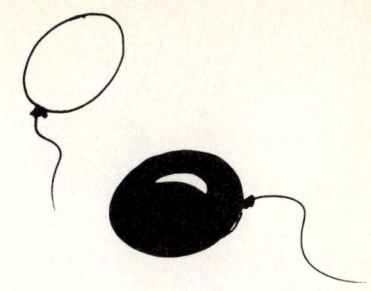

Sie steigen immer höher dann.
Die Zeit, die bleibt fast steh'n.
Die Luftballons, sie schweben,
ganz friedlich anzuseh'n.

Sie quietschen durcheinander.
Die Freude ist ganz groß.
Mit schrillen, schrägen Tönen
geht die Party richtig los.
Jetzt sind die bunten Luftballons
ganz wild und aufgekratzt,
doch auf Luftikus, da passt jeder auf,
dass kein Ballon zerplatzt.

Refrain

Große Luftballons bereitlegen, sie eignen sich besser zum Schweben und Balancieren als die kleinen.

Spiel mit Luftballons

Wir brauchen viel Puste: Denn zuerst müssen die Luftballons aufgeblasen und verknotet werden. Jedes Kind bekommt einen und legt ihn in der Mitte des Raumes oder auf der Wiese (wenn es windstill ist) ab.
Nun beginnt das Spiellied, und zwar mit der Begrüßung in der ersten Strophe. Entweder wird die Gruppe in Sänger und Spieler aufgeteilt, oder es gibt einen Vorsänger (Spielleiter). Größere Kinder können auch gleichzeitig singen und spielen. Jedes Kind sucht sich anschließend seinen Luftballon und hält ihn bei der entsprechenden Textstelle vor den Bauch.

Dann geht das Spielen los: erst mit kleinen Hüpfern auf dem Finger, und dann fliegen alle Luftballons – auch während des Refrains – immer höher. Schließlich gibt es das Quietschen in der vierten Strophe, bei dem es meist richtig laut zugeht.

Hier müssen alle kräftig singen, damit man den Text noch versteht. Wenn der Refrain am Ende noch einmal kommt, tanzen alle Luftballons «ganz wild und aufgekratzt» durch die Luft.

Achtung: Die dritte Strophe hat nur den halben Umfang!

Variante

Zwei Partner miteinander spielen lassen.
Dabei kann folgende Strophe gesungen werden:

Jetzt tun sich zwei zusammen
und springen gleich umher.
Von einer Hand zur and'ren,
das ist doch gar nicht schwer.
Sie tanzen miteinander
und machen einen Satz
und tauschen mit dem Partner
ganz vorsichtig den Platz.

Das singende Känguru

Volker Rosin

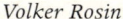

Hört gut zu! Hört gut zu! Jetzt kommt das sin-gen-de
Kän-gu-ru. Hört gut zu! Hört gut zu, dem
sin-gen-den und sprin-gen-den Kän-gu-ru! Im
Zoo ist heu-te mäch-tig was los. (hey hey hey) Die
Wär-ter fra-gen sich: „Was hab'n die bloß?" (hey hey hey) Die
Af-fen stel-len schon die Stüh-le be-reit. Der
Pin-gu-in ruft: „Es ist so-weit!"

Refrain:

Hört gut zu! Hört gut zu!

Jetzt kommt das singende Känguru.

Hört gut zu! Hört gut zu!

Dem singenden und springenden Känguru.

Im Zoo ist heute mächtig was los. (Hey, hey, hey!)

Die Wärter fragen sich: «Was hab'n die bloß?»

(Hey, hey, hey!)

Die Affen stellen schon die Stühle bereit.
Der Pinguin ruft: «Es ist so weit.»

Die Bühne bebt, es wackelt die Wand.
(Hey, hey, hey!)
Zum Schluss kommt noch der Elefant gerannt.
(Hey, hey, hey!)
Jetzt greift das Känguru zum Mikrofon.
Es wackelt mit dem Beutel und singt den ersten Ton.

Das Känguru ist heut gut in Form.
(Hey, hey, hey!)
Es tanzt und springt, das ist ganz enorm.
(Hey, hey, hey!)
Und selbst die Wärter, die machen jetzt mit,
sie wiegen sich im Walzerschritt.

Volker Rosin ist ein bekannter Kinderliedermacher
vom Niederrhein, der mit diesem Lied sicherlich
einen Hit gelandet hat.

Bewegungsspiel

Beim Refrain halten alle – zum besseren Hören – ihre Hand erst
hinter das eine (die rechte Hand hinter das rechte Ohr) und dann
hinter das andere Ohr (die linke Hand hinter das linke Ohr).
Sofort danach fangen alle an, auf der Stelle als Känguru zu
hüpfen.

Das «Hey, hey, hey!» wird nicht gesungen, sondern gerufen.
Der letzte Refrain wird zunächst im Walzertakt und dann
in der Wiederholung im Vierteltakt gesungen.

Es geht in die Luft

Luftballon im Wind

Wolfgang Hering

Ein Luft-bal-lon, der tanzt he-rum, fängt an, sich im-mermehr zu dreh'n Der Wind hört mit dem Bla-sen auf, der Luft-bal-lon bleibt steh'n. Da kommt ein Vo-gel an-ge-braust und pikst ihn in die Haut. Der schö-ne, schö-ne Luft-bal-lon zer-platzt ganz schreck-lich laut.

Ein Luftballon, der tanzt herum,
fängt an, sich immer mehr zu dreh'n.
Der Wind hört mit dem Blasen auf,
der Luftballon bleibt steh'n.

Da kommt ein Vogel angebraust
und pikst ihn in die Haut.
Der schöne, schöne Luftballon
zerplatzt ganz schrecklich laut.

Kreisspiel

Der Kreis dreht sich. Ein Kind läuft außen herum in entgegengesetzter Richtung. Bei «und pikst ihn in die Haut» wird ein Kind

Es geht in die Luft

pantomimisch gestochen, der ganze Kreis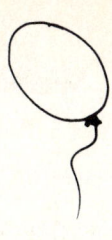
fällt in sich zusammen. Dies alles geschieht in Zeitlupe.
Die Kinder bewegen sich beim Singen, das während
der letzten vier Takte immer langsamer wird,
vorsichtig auf die Erde zu – bis sie auf dem Boden liegen.
Wenn die letzte Silbe verklungen ist, patschen sie mit der fla-
chen Hand auf den Boden auf.
Das Klatschen ist dann das Signal: Alle stehen wieder auf, bilden
einen neuen Kreis und singen das Lied wieder von vorne. Das
zuvor angepikste Kind ist jetzt die Nadel, die zustechen darf.

Spiel mit Kleinkindern

Alle gehen im Kreis herum, wobei Erwachsene und Kinder immer
abwechselnd nacheinander laufen. Nach der ersten Strophe bleiben alle stehen. Während die zweite Strophe gesungen wird, drehen sich alle nach innen und gehen zur Mitte des Kreises. Beim
Wort «zerplatzt» nehmen die Erwachsenen die Kinder hoch und
setzen sie zurück auf die Kreisbahn.

Wolkentanz

Text: Wolfgang Hering / Bernd Meyerholz
Musik: Bernd Meyerholz

Am Morgen strahlt die Sonne, der Mond zieht g'ra - de weg. Die Wol - ken in der Fer - ne, die rühr'n sich kaum vom Fleck. Da kommt ein klei - ner Wind auf, ganz wie von Geis - ter - hand. Die Wol - ken stei - gen hoch und flie - gen ü - ber's Land. Tanz klei - ne Wol - ke, flieg und tanz, tanz nur klei - ne Wol - ke, klei - ne Wol - ke, flieg und tanz.

Am Morgen strahlt die Sonne,
der Mond zieht grade weg.
Die Wolken in der Ferne,
die rühr'n sich kaum vom Fleck.
Da kommt ein kleiner Wind auf,
ganz wie von Geisterhand.
Die Wolken steigen hoch
und fliegen übers Land.

Es geht in die Luft

Refrain:
Tanz, kleine Wolke, flieg und tanz,
tanz nur, kleine Wolke, kleine Wolke,
flieg und tanz.

Jetzt finden sich zwei Wolken,
und die eine saust voran.
Die and're probiert es,
ob sie ihr noch folgen kann.
Sie zieh'n in einer Schlange
und finden keine Ruh.
Jetzt geht's mit vollem Tempo,
und der Wind, der bläst dazu.

Dann donnert's in der Ferne.
Es blitzt auch kurz darauf.
Die Wolken wirbeln kräftig rum,
ein großer Sturm kommt auf.
Die Wolken fliegen höher
am Himmel wild herum.
Sie sausen durcheinander,
mal schief und auch mal krumm.

Dann wird das Wetter schöner,
kein Blitz ist mehr zu seh'n.
Die Wolken dreh'n ein letztes Mal
und bleiben langsam steh'n.
Die Sonne geht jetzt unter.
Der Mond, der kommt heraus,
und in seinem Lichterglanz,
da ruh'n sich alle aus.

Spiel mit Bändern und Tüchern

Dieses Lied kann mit Bändern oder Tüchern gestaltet werden. Notwendig ist genügend Platz. Vor dem Singen sollten der Text und die szenische Umsetzung mit den Kindern besprochen werden.

Hier mein Vorschlag für eine Spielgestaltung:

Sachte geht es am Morgen los. Die Kinder kauern mit ihren Tüchern oder Bändern am Boden. Die Wolken stehen zunächst still und setzen sich dann langsam in Bewegung. Sie steigen hoch und tanzen im Refrain «Tanz, kleine Wolke» um ihre eigene Achse. Dann begegnen sich zwei Wolken. Die Kinder bilden Paare, und schließlich fliegen sie in einer Schlange dahin. Dann kommt das Gewitter, und alle Wolken wirbeln wild durcheinander. Jetzt ist der ganze Himmel in Fahrt gekommen, und alle sausen kreuz und quer durch die Gegend. In der letzten Strophe kommen alle Mitspieler wieder zur Ruhe. Wenn möglich, sollte es im Raum dunkler werden. Schließlich befinden sich die Wolken am Boden, und das Lied klingt ganz ruhig aus.

Rollenspiel
und
Zauberei

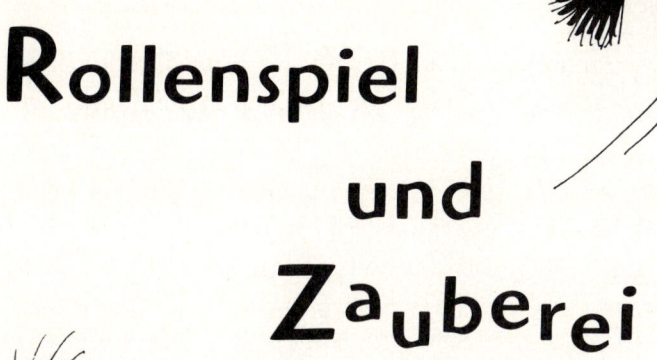

Zirkus auf dem Schlossplatz

Text: Wolfgang Hering / Bernd Meyerholz (Fidula Verlag)
Musik: mündlich überliefert

Zir- kus auf dem Schloss - platz, Mann, da ist der Teu -fel los.

Tie - re und Ar - tis - ten, Kin-der ist der Rum-mel groß.

Der Di - rek - tor Ot - to Fein kommt zur Tür he - rein.

Erst be - grüßt er je -der -mann und klatscht in die Hän - de dann.

Ja, da klat-schen al - le mit. Ja, da klat-schen al - le mit.

Refrain:

Zirkus auf dem Schlossplatz,

Mann, da ist der Teufel los.

Tiere und Artisten,

Kinder, ist der Rummel groß.

Der Direktor Otto Fein
kommt zur Tür herein.
Erst begrüßt er jedermann
und klatscht in die Hände dann.
Ja, da klatschen alle mit.
Ja, da klatschen alle mit.

Erst ein Tusch und dann Applaus,
Elefanten kommen raus,

vom Direktor selbst dressiert.
Schau, wie jeder gleich marschiert.
Ja, da stampfen alle mit.
Ja, da stampfen alle mit.

Flöhe hüpfen jetzt herein,
alle sind sie klitzeklein.
Und die Flöhe, gar nicht dumm,
rennen los ins Publikum.
Ja, da kratzen alle sich.
Ja, da kratzen alle sich.

Der Jongleur, er kann nicht mehr.
Er wirft Bälle hin und her.
Da, ein Ball trifft seinen Kopf,
das tut weh, o armer Tropf.
Ja, da trauern alle mit.
Ja, da trauern alle mit.

Bruno heißt der braune Bär,
und er latscht im Kreis umher.
Dabei wird ihm ganz schön heiß,
und er wischt sich ab den Schweiß.
Ja, da schwitzen alle mit.
Ja, da schwitzen alle mit.

Unser Clown, der Angelo,
fällt auf seinen dicken Po.
Doch er steht gleich, eins, zwei, drei,
wieder auf und pfeift dabei.
Ja, da pfeifen alle mit.
Ja, da pfeifen alle mit.

Zirkus ist ein Thema, das sich sehr gut für eine kleine Aufführung mit einer Kindergruppe eignet.

Rollenspiel

Bei diesem Lied gibt es vielerlei Mitmachmöglichkeiten:
1. Alle wiederholen den Refrain nach jeder Zeile.
2. Alle führen die Anweisungen am Ende jeder Strophe aus: «Ja, da klatschen alle mit ...», «Ja, da stampfen alle mit ...» usw.
3. Die Kinder verteilen die verschiedenen Rollen:
   - Zirkusdirektor,
   - Jongleur,
   - Bruno, der braune Bär, und
   - Angelo, der Clown.

Sie überlegen selbst, wie sie ihre Rollen genau darstellen. Nun müssen Verkleidungen und Requisiten gefunden werden.
4. Das Publikum macht die Aufforderung am Ende der Strophe aus dem Stegreif mit.

Variante

Noch weitere Artisten oder Tiere können auftreten. Hier eine Auswahl möglicher Strophen:

> Und der Tiger schleicht herein,
> der Dompteur gleich hinterdrein.
> Ja, das ist der starke Paul,
> steckt den Kopf ins Tigermaul.
> Ja, da staunen alle mit.
> Ja, da staunen alle mit.

98

Und die Pferde kommen jetzt
im Galopp hereingewetzt.
Überspringen ohne Schiss
gleich ein großes Hindernis.
Ja, da reiten alle mit.
Ja, da reiten alle mit.

Schau, die Tänzerin, sie geht,
auf dem Seil und – da – sie dreht
sich ganz oben in dem Zelt,
dass sie nur nicht runterfällt.
Alle schauen zu ihr hoch.
Alle schauen zu ihr hoch.

Schau den Feuerschlucker an,
was der Feuer spucken kann.
Hat den Mund weit aufgemacht,
isst das Feuer auf und lacht.
Ja, da mampfen alle mit.
Ja, da mampfen alle mit.

Und der Löwe Leopold,
hört ihr, wie er brüllt und grollt.
Er springt aus dem Käfig raus,
und die Vorstellung ist aus.
Ja, da brüllen alle Leut.
Ja, da brüllen alle Leut.

Mein Fahrrad kann nicht fahren

Text: mündlich überliefert / Wolfgang Hering
Musik: mündlich überliefert

Mein Fahrrad kann nicht fahren, denn der Reifen, der ist platt ...
Darum kleb ich auf das Loch ein Pflaster drauf.

Die Spielidee ist Ihnen vielleicht von «Ein kleiner Matrose», «Kopf und Schulter» oder «Mein Hut, der hat drei Ecken» bekannt.

Spiellied mit Auslassungen

Das Lied lebt vom Zusammenspiel von Musik, Sprache und Bewegung. In der ersten Strophe wird der gesamte Text auf die Melodie von «Glory, glory, hallelujah» gesungen. Zur Übung können alle Bewegungen einmal ausgeführt werden. Nun das Lied noch einmal singen und dann die Wörter zunehmend durch pantomimische Gesten ersetzen. Bei jedem Durchgang wird also ein weiteres Stück des Textes ausgelassen. Eine Erleichterung ist es, bis zum Einsatz des weiteren Liedtextes die Melodie mitzusummen. Zum Schluss führen alle – wie von Geisterhand geleitet – nur noch die Bewegungen aus.

Rollenspiel und Zauberei

Mein
auf die eigene Brust deuten

Fahrrad
mit beiden Händen Tretbewegungen ausführen

kann nicht fahren,
mit dem Zeigefinger einer Hand
Verneinungsgeste ausführen

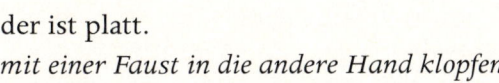

denn der Reifen,
mit beiden Händen einen Reifen darstellen

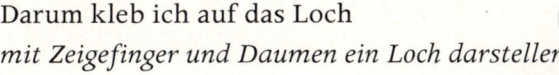

der ist platt.
mit einer Faust in die andere Hand klopfen

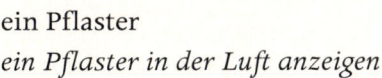

Darum kleb ich auf das Loch
mit Zeigefinger und Daumen ein Loch darstellen

ein Pflaster
ein Pflaster in der Luft anzeigen

drauf.
einen Daumen auf die innere
Fläche der anderen Hand drücken

Variante

Eine einfachere Form des Spielverlaufes besteht darin, die wegge-
lassenen Wörter durch ein Patschen auf die Knie zu ersetzen. Jede
Silbe entspricht dabei einem Klaps.

Timpe, Tampe, Zaubermann

mündlich überliefert

Tim - pe, Tam - pe, Zau - ber - mann,

seht nur, wie ich zau - bern kann.

Tim - pe, Tam - pe, Zau - ber - mann,

hört gut zu. Hat - schi, kil - le, kil - le,

knat - schi bum, bim, bam, ba - si, rum, pum, pum.

Timpe, Tampe, Zaubermann,
seht nur, wie ich zaubern kann.
Timpe, Tampe, Zaubermann,
hört gut zu:
Hatschi, kille, kille, knatschi bum,
bim, bam, basi, rum, pum, pum.
(gesprochen:)
Ich mach aus euch lauter kleine
(Tiere, Personen, Gegenstände wählen),
bim, bam, bum.

Bei einem Mädchen wird «Zauberfrau» gesungen.
Hier könnte der Text lauten:

> Timpe, Tampe, Zauberfrau,
> ich kann zaubern und bin schlau.

Theaterspiellied

Ein Kind bekommt einen Zauberstab. Die anderen laufen kreuz und quer durch den Raum. Alle singen.
Nun hat der Zaubermann seinen Auftritt. Er überlegt sich, in was er die anderen Kinder verzaubern will – eine Person, einen Gegenstand, ein Tier – und sagt: «Ich mach aus euch lauter (...), bim, bam, bum.»
Die Kinder spielen das genannte Zauberwesen eine Weile. Dann übergibt der Zauberer den Stab an ein anderes Kind, und das Lied wird von vorne gesungen. Der Beginn des Singens ist das Signal, dass die Kinder sich alle wieder zurückverwandeln und wie am Anfang durch den Raum gehen.

Für kleinere Kinder

Bei einer vereinfachten Spielfassung verzaubert der Zauberer nur ein Kind.

Wechselgesang

Alle singen «Timpe, Tampe, Zaubermann» und ein Kind alleine «Seht nur, wie ich zaubern kann». Alle: «Timpe, Tampe, Zaubermann», das Solo: «Hört gut zu.» Die letzten beiden Zeilen singen alle gemeinsam. Dann sagt der Zauberer seinen Zauberspruch.

Hokus pokus Fidibus

Fredrik Vahle (Patmos Verlag)

Ho - kus po - kus Fi - di - bus, der Zau - be - rer hat He - xen - schuss, doch

sei - ne Frau, die Zau - be - rin, die kriegt das wie - der hin. Sie

Gesprochen

legt die Hän - de auf sein'n Kopf, das tut dem Zau - b'rer gut. Die

Hän - de von der Zau - be - rin sind wie ein war - mer Hut.

Refrain:

Hokus pokus Fidibus,
der Zauberer hat Hexenschuss,
doch seine Frau, die Zauberin,
die kriegt das wieder hin.

Sie legt die Hände auf sein'n Kopf,
das tut dem Zaub'rer gut.
Die Hände von der Zauberin
sind wie ein warmer Hut.

Sie legt die Hände auf die Ohr'n,
jetzt kann der Zaub'rer lauschen.
Er hört in ihren Händen drin
ein Grummeln und ein Rauschen.

Sie streichelt ihm die Schulter sanft,
da soll'n ihm Flügel wachsen.
Dann braucht er nicht mehr so viel geh'
kriegt keine müden Haxen.

Sie drückt mit ihren Daumen sacht
die Wirbelsäule runter.
Ganz langsam bis zur Hüfte geht's,
das macht den Zaub'rer munter.

Sie knetet ihm die Hüften durch
von hinten bis zum Bauch.
Der Hexenschuss ist schon fast weg,
jawoll, das soll er auch!

Rollenspiel und Zauberei

Sie streichelt ihm die Füße warm
und drückt sie fest und sacht.
Der Hexenschuss ist weg, da steht
der Zaub'rer auf und lacht.

> Der Zaub'rer und die Zauberin,
> die reichen sich die Hände
> und drehen sich im Kreis herum,
> da fliegen alle Wände.

Partnerspiellied

Die Kinder finden sich zu Paaren zusammen: Ein Kind ist die Zauberin, die massiert, das andere der Zauberer mit Hexenschuss:
• Es geht los mit dem Kopf, der mit dem Denken zu tun hat. Die Zauberin versucht, den Zauberer durch Handauflegen zu beruhigen.
• Dann kommen die Ohren dran. Mit den Händen wird eine Muschel simuliert. Die Ohren versuchen, dem Rauschen zu lauschen.
• Nun streichelt die Zauberin die Schultern. Vielleicht wachsen ja Flügel daran.
• Jetzt wird die Wirbelsäule ertastet.
• Die Hüften sind in der sechsten Strophe dran.
• Und in der siebten wird die Körperreise bis zu den Füßen fortgesetzt.
• Zum Schluss dreht sich das Paar wie ein Kreisel. Dazu fassen sich beide Partner über Kreuz und wirbeln herum. Beim zweiten Durchgang die Rollen tauschen.
Zum Refrain umkreist die Zauberin den Zauberer.

Purzelbaum und Kissenschlacht

Text: Wolfgang Hering / Bernd Meyerholz
Musik: Bernd Meyerholz

Den Stuhl rück ich zur Seite,
der Tisch ist auch nicht schwer.
Das kleine Schränkchen in die Ecke
und den Papierkorb hinterher.
Ja, ich lad dich ein zum Toben,
grad auf eine Kissenschlacht.
Da wird in meinem Zimmer oben
erst mal richtig Platz gemacht.

Rollenspiel und Zauberei

Refrain:
Wir wollen toben, turnen, tollen,
Purzelbaum und Kissenschlacht.
Toben, turnen, tollen,
und da heißt es mitgemacht!

Im Kleiderschrank spiel'n
wir Verstecken,
mit meinen Socken Basketball,
und wenn ich von meinem Hochbett spring,
gibt es einen Riesenknall.
Wir schleichen gern als Katzen
durch das Zimmer kreuz und quer.
Und wenn du für mich die Maus bist,
spring ich dir gleich hinterher.

In uns'rer Babybadewanne
bin ich ein wilder Schiffspirat.
Und du in meiner Hängematte –
wir beide geh'n auf große Fahrt.
Ja, wir spiel'n so gern Theater,
und wir bau'n dann alles um.
Mama, Papa, Opa, Oma,
die sind unser Publikum.

Oh, ich hab in meinem Zimmer
mir so vieles schon erträumt.
Leider wird danach dann immer
alles wieder weggeräumt.
Dann bleib ich nicht lange sitzen,
denn ich freu mich, wir geh'n raus,
und wir laufen und wir flitzen,
rennen dreimal um das Haus.

Dies ist das Titellied für die «Purzelbaum und Kissenschlacht»-Produktion von TRIO KUNTERBUNT, die wir in Zusammenarbeit mit der Deutschen Turnerjugend für die Aktion «Das bewegte Kinderzimmer» aufgenommen haben.

Spiellied zum Toben

Bei diesem Lied wird nur beim – kräftig mitgesungenen – Refrain mitgespielt, und zwar auf zweierlei Art und Weise.
1. Bei «Toben, turnen, tollen» hüpfen alle herum. (Nur bei Platzproblemen machen das stellvertretend die Hände, die durch die Luft wirbeln.)
2. Bei «Purzelbaum» drehen sich die beiden Hände wie eine Rolle vor dem Körper. Die «Kissenschlacht» wird so dargestellt, als wenn wir Kissen durch die Luft werfen würden. Die letzte Zeile «da heißt es mitgemacht» wird mit einer großen einladenden Geste – einen Arm zur Seite schwingen – illustriert.
Zu den Strophen können alle rhythmisch mitschnipsen – jeweils mit beiden Händen einmal nach rechts und einmal nach links.

Muskeln müssen stark sein

Wolfgang Hering / Bernhard Hering / Bernd Meyerholz

Die wirk-lich sü-ße He-len
jong-liert mit hun-dert Bäl-len.
Und guck mal da der klei-ne Fred, der
zeigt dir, wie ein Kopf-stand geht. Weil sie nichts and'-res da
hat, fährt Jut-ta heu-te Fahr-rad.
Und O-pa fragt ganz cool: „Wie geht's?",
dann rast er los auf In-line Skates. Mus-keln müs-sen

Refrain: E

stark sein, die dür-fen nicht aus Quark sein.
Mus-keln müs-sen stark sein, bloß nicht aus Quark-
bloß nicht aus Quark.

Die wirklich süße Helen
jongliert mit hundert Bällen.
Und guck mal da, der kleine Fred,
der zeigt dir, wie ein Kopfstand geht.
Weil sie nichts and'res da hat,
fährt Jutta heute Fahrrad.
Und Opa fragt ganz cool:
«Wie geht's?»,
dann rast er los auf Inlineskates.

Refrain:
Muskeln müssen stark sein,
die dürfen nicht aus Quark sein.
Muskeln müssen stark sein,
bloß nicht aus Quark,
bloß nicht aus Quark.

Natürlich spielt der Dennis
am allerliebsten Tennis.
Und es schießt der Peter
beim Fußball den Elfmeter.
Dabei sieht er die Marion,
die rennt im Fußballstadion
seit mehr als einer Stunde
immer eine Runde.

Ich seh den gut gelaunten Mike
auf seinem neuen Mountainbike.
Er fährt bergauf und runter
mit seinem Onkel Gunter.
Und dann die kleine Lucie
fährt Einrad – ja, das tut sie.
Was meint ihr, was der Ben hat?
Ein schönes rotes Rennrad!

Der dünne Alexander
kauft sich einen Expander.
Und mein Freund, der Fridolin,
der springt seit gestern Trampolin.
Und ich mach, bis ich schwitze,
sechshundert Liegestütze.
Da kriegt ja schon mein Vater
vom Zuschaun Muskelkater.

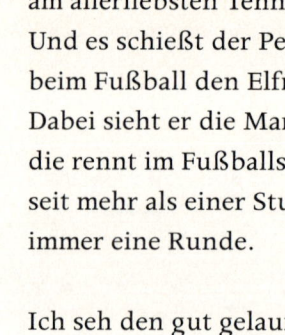

Rollenspiel und Zauberei

Der kleine blasse Udo
trainiert seit neustem Judo.
Und die schüchterne Beate,
die schreit laut nach Karate.
Und jetzt auch die Susanne
taucht in der Badewanne,
frisch und immer munter
bis auf den Grund hinunter.

Immer, wenn er frei hat,
rast Karl auf seinem Dreirad.
Und auch der dicke Edgar
fährt mit 80 auf'm Kettcar.
Selbst meine Tante Frieda
probiert es «immer wieda».
Sie bleibt bis abends spät fort
und übt auf meinem Skateboard.

Spiellied mit Sprachwitz

Dies ist eines unserer beliebtesten Lieder, besonders bei
Turn- und Spielfesten.

Beim Refrain machen alle die Bewegungen des Textes mit:
• Beim «stark sein» zeigen alle ihre Muskeln, indem beide Arme
nach oben gestreckt und die Muckis angespannt werden.
• Bei «aus Quark sein» die Arme ganz schlaff nach unten hängen
lassen.
Bei den Strophen können die einzelnen Tätigkeiten, wie Jonglie-
ren, Tennisspielen, Trampolinspringen, pantomimisch dargestellt
werden.
Vielleicht fällt Ihnen ja noch selbst ein Vers ein. Grundidee: einen
Namen in Verbindung zu einer mehr oder weniger verrückten
Sportart bringen. Ihnen und Ihren Kindern viel Spaß beim Dich-
ten!

Klitzekleine Riesen

Bernd Meyerholz

Es war einmal ein Riese,
der war sehr lang allein.
Da stellte sich ein Zwerg dazu
im schönen Sonnenschein.
Der Zwerg, der sprach: «So groß wie du
wollt ich schon immer sein.»
Der Riese sprach: «Das trifft sich gut,
denn ich wär gern mal klein.»

   Rollenspiel und Zauberei

Refrain:
Klitzekleine Riesen, riesengroße Zwerge
wandern gern im Tal und klettern auf die Berge.

Der Riese fängt zu schrumpfen an,
der Zwerg wird riesengroß.
Die beiden werden Freunde dann
und zieh'n zusammen los.
Der klitzekleine Riese,
der geht nun Hand in Hand
mit dem riesengroßen Zwerg
durch das ganze Land.

Schon lang sind sie auf Wanderschaft,
und nie wird's ihnen zu viel.
Sie wandern meist den ganzen Tag,
denn (Stadtnamen einsetzen) heißt ihr Ziel.
Und irgendwann ist es so weit.
Da wirst du es dann seh'n,
wie sie in deiner schönen Stadt
einfach spazieren geh'n.

Bewegungsspiel

Der Refrain wird mit folgenden Bewegungen nach dem Schema
«klein – groß – groß – klein» begleitet:
• Bei «klitzekleine» zeigen die Zeigefinger und Daumen beider
Hände nah vor den Augen eine kleine Spanne, weil man bei so etwas Kleinem ja genau hinschauen muss.
• Aber plötzlich geht bei «Riesen» die linke Hand ganz weit nach
oben und die rechte Hand ganz weit nach unten, um etwas ganz

Großes zu zeigen. Bei «riesengroße» wechseln die Arme: die rechte Hand schnellt weit nach oben und die linke Hand weit nach unten – und deuten damit wieder etwas Großes an.

• Bei «Zwerge» wiederholt sich der Ablauf wie am Anfang bei «klitzekleine».
Bei «wandern» laufen alle auf der Stelle mit.

Variante

Zwei Kinder können in den Strophen den Riesen und den Zwerg spielen.

Die Renner
für das
Kinderturnen

Ko-

Zwei Schritt zur Seite

Text: mündlich überliefert / Wolfgang Hering
Musik: mündlich überliefert

Zwei Schritt zur Sei - te und wie - der zu - rück.

Ar - me lang und Ar - me kurz und klatsch ein biss - chen mit.

Dreh dich auf der Stel - le, mach seit - lich ei - nen Schritt,

geh auf dei - nen Platz zu - rück und klatsch ein biss - chen mit.

Zwei Schritt zur Seite
und wieder zurück.
Arme lang und Arme kurz
und klatsch ein bisschen mit.
Dreh dich auf der Stelle,
mach seitlich einen Schritt,
geh auf deinen Platz zurück
und klatsch ein bisschen mit.

Zwei Schritt nach vorne
und zwei Schritt zurück.
Arme lang und Arme kurz
und klatsch ein bisschen mit.
Dreh dich auf der Stelle,
nach vorne einen Schritt,
geh auf deinen Platz zurück
und klatsch ein bisschen mit.

Renner für das Kinderturnen

Zwei Schritt nach hinten
und wieder zurück.
Arme lang und Arme kurz
und klatsch ein bisschen mit.
Dreh dich auf der Stelle,
nach hinten einen Schritt,
geh auf deinen Platz zurück
und klatsch ein bisschen mit.

Dieses Spiellied für kleinere Kinder habe ich von
einer Übungsleiterin beim Kinderturnen gelernt.

Tanzlied

Achtung: Hier sind genaues Timing und
eine rhythmische Choreographie wichtig!
Die Schritte im ersten Teil jeder Strophe
werden doppelt so schnell wie im zweiten
Teil ausgeführt. Die Art und Weise der Tanzbetonung kann in
den Strophen variieren. Die Bewegungsabfolge für die drei
Strophen:
1. seitliche Bewegung,
2. vorwärts gehen,
3. Rückwärtsgang.
Der zweite Teil jeder Strophe kann wiederholt werden.
Es ist sicher sinnvoll, erst einmal den Text zu sprechen, dann die
Schrittfolge dazu auszuführen und schließlich die Melodie hinzuzunehmen.

Wer will fröhliche Kinder seh'n

Text: mündlich überliefert / Wolfgang Hering
Musik: mündlich überliefert

Wer will fröh-li-che Kin-der seh'n,
der muss zum Kin-der-tur-nen geh'n.
Lauf lauf lauf, lauf lauf lauf, uns
geht da-bei die Pus-te aus.

Refrain:
Wer will fröhliche Kinder seh'n,
der muss zum Kinderturnen geh'n.

Lauf lauf lauf, lauf lauf lauf,
uns geht dabei die Puste aus.

Hopp hopp hopp, hopp hopp hopp,
alle laufen im Galopp.

Stampf, stampf, stampf – stampf, stampf, stampf,
alle haben sehr viel Dampf.

Trapp trapp trapp, trapp trapp trapp,
keiner macht uns heute schlapp.

Rechtes Bein, linkes Bein,
das können Kinder ganz allein.

Gebt fein acht, gebt fein acht,
wie der Hampelmann es macht.

Oh, wie schön, oh, wie schön,
wenn wir in die Hocke geh'n.

Auf die Zeh, auf die Zeh,
und streckt die Arme in die Höh.

Rückwärts geh'n, rückwärts geh'n
und dabei den Kopf nicht dreh'n.

Zunge raus, Zunge raus,
das Lied vom Turnen ist jetzt aus.

Ein guter Einstieg in die Kinderturnstunde!

Spiellied zum Kinderturnen

Jeder kennt die Melodie von den «Fleißigen Handwerkern», sodass das Mitsingen ganz einfach ist. Je nach Altersgruppe und Si-
tuation kann der Ablauf der Strophen verändert werden. Es lassen
sich leicht neue Spielvorschläge einbauen.

Es kommen zwei geritten

mündlich überliefert

Es kom - men zwei ge - rit - ten, ge -
rit - ten, ge - rit - ten. Es kom - men zwei ge -
rit - ten. Tra - ri tra - ra tra - rum.

Es kommen zwei geritten,
geritten, geritten.
Es kommen zwei geritten.
Trari trara trarum.

Sie streiten sich um Maxel,
um Maxel, um Maxel,
Sie streiten sich um Maxel,
trari trara trarum.

Der Maxel, das ist meiner,
ja meiner, ja meiner.
Der Maxel, das ist meiner,
trari trara trarum.

Dann tanz ich eb'n alleine,
alleine, alleine.
Dann tanz ich eb'n alleine,
trari trara trarum.

Ich such mir
einen Neuen,
ja Neuen, ja Neuen.
Ich such mir einen Neuen,
trari trara trarum.

Ich kenne das mündlich überlieferte Lied mit verschiedenen Texten. Die Spielfassung ist jedoch immer ähnlich aufgebaut.

Partnerspiellied für größere Gruppen

Jedes Kind kann sich wahrscheinlich
gut vorstellen, wer in seiner Gruppe
der «Maxel» ist – und sich deshalb
leicht in die Spielhandlung einfinden.
Sie besteht aus fünf Teilen:
1. Alle stehen im Ritterwald
und stellen die Bäume dar.
Zwei Kinder kommen geritten.
2. Das Paar bleibt von Angesicht
zu Angesicht stehen. Die beiden Akteure
stampfen bei dem Wort «streiten» mit
dem Fuß auf und klatschen mit den
Händen gegeneinander.
3. Die Partner hauen sich bei
«meiner» jeweils auf die eigene Brust.
4. Jeder dreht sich auf der Stelle herum.
5. Die Reiter suchen sich einen
neuen Partner.
Das Spiel funktioniert also im
Schneeballsystem. Aus zwei Reitern
werden vier, dann acht usw.
Das Lied ist besonders gut für große Gruppen
geeignet. Einzige Voraussetzung:
viel Platz.

Schlangentanz

mündlich überliefert

So tanzt die Schlan-ge ih-ren Tanz. Sie kommt vom Berg he-run-ter. Sie hat ver-lo-ren ih-ren Schwanz und möcht' ihn wie-der ha-ben. So sa-ge mir ist das hier, ein klei-nes Stück von mir? Hey!

So tanzt die Schlange ihren Tanz.
Sie kommt vom Berg herunter.
Sie hat verloren ihren Schwanz
und möcht' ihn wieder haben.

So sage mir,
ist das hier
ein kleines Stück von mir? Hey!

Bewegungsspiel

Eine Gruppe von Kindern sitzt verteilt im Raum. Ein Kind wird zum «Schlangenkopf» bestimmt. Es fängt an und läuft im Raum herum. Alle singen das Lied. Am Ende der Textstelle «So sage mir, ist das hier ein kleines Stück von mir?» bleibt der Schlangenkopf vor einem sitzenden Kind stehen, bei «Hey» springt jener in die Luft und landet breitbeinig vor dem ausgewählten Kind. Dieses schlängelt sich nun durch die Beine des Schlangenkopfes und hängt sich hinten an. Die beiden laufen nun erneut los, und das Lied wird wieder von vorne durchgesungen. Ein weiteres Kind wird gefragt, das sich wiederum hinten anhängt. So wird die Schlange immer länger.

Zum Schluss darf ein Erwachsener unter den Kindern durchkrabbeln, wobei die Kinder meist umkippen oder sich auf den Erwachsenen fallen lassen. Das Schlangenspiel ist damit beendet. Dazu kann man singen: «So sag ich dir, das ist hier, das letzte Stück von mir.»

Variante

Das Lied wird einmal durchgesungen, und alle laufen als Schlange durch die Gegend. Nachdem der letzte Ton verklungen ist, gilt folgende Spielregel: Der Schlangenkopf muss versuchen, das Ende abzuschlagen. Gelingt ihm das in einer festgelegten Zeit, scheidet das Kind am Ende aus, wenn nicht, muss die Spitze selbst dran glauben.

Der Fuchs geht um

mündlich überliefert

Dreht euch nicht um, der Fuchs geht um. Er wirft sein Säck-chen
um sich rum. Er weiß nicht, wem er's ge-ben soll, drum
gibt er's dem Ge - sell. Fuchs lauf schnell!

Dreht euch nicht um, der Fuchs geht um.
Er wirft sein Säckchen um sich rum.
Er weiß nicht, wem er's geben soll,
drum gibt er's dem Gesell.
Fuchs, lauf schnell!

Weitere Textversionen:

1

Der Fuchs geht um, der Fuchs geht um.
Er wird euch schon belauschen.
Er frisst die grünen Blätter ab,
die andern lässt er faulen, ja faulen.

2

Dreht euch nicht um, der Fuchs geht um.
Wer sich umdreht oder lacht,
wird ins faule Ei gebracht.
Eins, zwei, drei – faules Ei.

3
Dreht euch nicht um, der Fuchs geht um.
Er wird euch schon belauschen.
Er frisst die grünen Blätter ab,
die andern lässt er rauschen.

Dieser Klassiker unter den Spielliedern ist vor allem bekannt als Plumpsackspiel. Mir ist allerdings aufgefallen, dass fast jede Kindergruppe einen anderen Text singt.

Kreisspiel

Die Spielregel ist einfach: Alle sitzen oder stehen im Kreis, ohne sich anzufassen. Ein Kind (der Fuchs) läuft außen herum und lässt den «Plumpsack» im Laufe des Liedes fallen. Meist wird dafür ein geknotetes Taschentuch verwendet. Wer das Tuch hinter seinem Rücken entdeckt, wird selber zum Fuchs. Er muss das Tuch aufheben und versuchen, den früheren Fuchs zu fangen. Dieser läuft einmal um den Kreis und muss dabei den Platz seines Verfolgers erreichen. Gelingt ihm das, beginnt das Spiel von neuem.
Fängt der neue Fuchs den alten, so muss letzterer noch einmal mit dem Plumpsack loslaufen.
Wer nach einer Runde noch nicht entdeckt hat, dass hinter ihm der Plumpsack liegt, kommt in die Mitte – mit dem Spruch «Eins, zwei, drei – faules Ei». Das Kind bleibt dort so lange, bis der Nächste nicht aufpasst – also eine volle Runde den Plumpsack nicht bemerkt – und vom Fuchs abgeschlagen wird.

Variante

Es werden drei Kreismitglieder nacheinander berührt. Erst der Dritte – damit abgeschlagene – muss den Fuchs verfolgen.

Mein Ball, der rollt

Text: traditionell / Wolfgang Hering
Musik: mündlich überliefert

Mein Ball, der rollt, wo - hin ich will. Er
rollt und rollt, wo - hin ich will. Mein Ball, der rollt, wo -
hin ich will, dann halt ich ihn ganz still.

Mein Ball, der rollt, wohin ich will.
Er rollt und rollt, wohin ich will.
Mein Ball, der rollt, wohin ich will,
dann halt ich ihn ganz still.

Jetzt werf ich ihn ganz hoch hinauf.
Jetzt werf ich ihn ganz hoch hinauf.
Jetzt werf ich ihn ganz hoch hinauf
und fang ihn wieder auf.

Ich prell ihn auf den Boden auch.
Ich prell ihn auf den Boden auch.
Ich prell ihn auf den Boden auch
und halt ihn vor den Bauch.

Ich trag den Ball auf meinem Kopf.
Ich trag den Ball auf meinem Kopf.
Ich trag den Ball auf meinem Kopf,
grad so wie einen Topf.

Renner für das Kinderturnen

Mein Ball kommt in die Mitte nun.
Mein Ball kommt in die Mitte nun.
Mein Ball kommt in die Mitte nun,
er möchte gerne ruh'n.

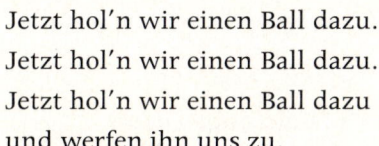

Zu zweit nehmen wir uns an die Hand.
Zu zweit nehmen wir uns an die Hand.
Zu zweit nehmen wir uns an die Hand,
wir machen uns bekannt.

Jetzt hol'n wir einen Ball dazu.
Jetzt hol'n wir einen Ball dazu.
Jetzt hol'n wir einen Ball dazu
und werfen ihn uns zu.

Am Schluss, da such ich meinen Ball.
Am Schluss, da such ich meinen Ball.
Am Schluss, da such ich meinen Ball
und setz mich einfach drauf.

Ballspiellied

Am Anfang haben alle einen Ball in der Hand. Meine Version dieses Liedes hat vier verschiedene Phasen:
1. Erste bis vierte Strophe: Jedes Kind spielt mit dem eigenen Ball.
2. Fünfte Strophe: Der Ball kommt in die Mitte.
3. Sechste bis siebte Strophe: Partnerspiel zu zweit.
4. Jeder sucht seinen Ball – und Schluss.
Diese Phasen können mit eigenen Strophen noch erweitert und ausgebaut werden. Beispiele:

Ich trag den Ball mit einer Hand.
Ich trag den Ball mit der andern Hand.
Dann wieder mit der einen Hand
und dreh mich einmal um.

Dann spiel'n wir Fußball hin und her.
Der Ball saust immer kreuz und quer.
Wir spiel'n Fußball hin und her
und immer kreuz und quer.

Ich werf den Ball, klatsch zwischendurch.
Ich werf den Ball, klatsch zwischendurch.
Ich werf den Ball, klatsch zwischendurch
und stampf noch mit dem Fuß.

Zwei seh'n sich in die Augen dann.
Jetzt fängt gleich das Fangen an.
Einer macht die Schüssel mit den Händen dann,
der and're wirft sodann.

Spiel mit Kleinkindern

Erwachsener und Kind setzen sich mit gegrätschten Beinen
gegenüber und rollen sich den Ball zu.
Dabei wird die erste
Strophe gesungen.

Winterzeit
und
Ausklang

A, a, a, der Winter, der ist da

mündlich überliefert

A, a, a, der Winter, der ist da!
Herbst und Sommer sind vergangen, Winter, der hat angefangen.
A, a, a, der Winter, der ist da.

A, a, a, der Winter, der ist da!
Herbst und Sommer sind vergangen,
Winter, der hat angefangen.
A, a, a, der Winter, der ist da.

E, e, e, er bringt uns Eis und Schnee.
Malt uns gar zum Zeitvertreiben
Blumen an die Fensterscheiben.
E, e, e, er bringt uns Eis und Schnee.

I, i, i, vergiss die Armen nie.
Liegst du nachts in warmen Kissen,
denk an die, die frieren müssen.
I, i, i, vergiss die Armen nie.

O, o, o, wie sind wir Kinder froh.
Sehen jede Nacht im Traume
uns schon unterm Weihnachtsbaume.
O, o, o, wie sind wir Kinder froh.

Winterzeit und Ausklang

U, u, u, jetzt weiß ich, was ich tu.
Hol den Schlitten aus dem Keller,
und dann geht es schnell und schneller.
U, u, u, jetzt weiß ich, was ich tu.

Wie bei den «Drei Chinesen» stehen hier die Vokale im Mittelpunkt. Deshalb gut geeignet für Kinder, die gerade Lesen lernen!

Buchstabenspiel

Spielidee: Die Kinder stehen
im Raum verteilt und schreiben
die Buchstaben in die Luft.

1. Variante

Die Kinder werden nach den
fünf Vokalen in entsprechende
Gruppen aufgeteilt. Nun fangen die Kinder
an zu singen. Die Gruppe, deren Strophe
gerade an der Reihe ist, steht auf und dreht sich
auf der Stelle.

2. Variante

Die Kinder stehen im Raum verteilt. Die Gruppe, die mit ihrer
Strophe dran ist, darf herumgehen.

Fünf kleine Weihnachtsmäuse

Text: Barbara Cratzius
Musik: Bernd Meyerholz

Fünf klei - ne Weih-nachts-mäu - se, ja die seh ich hier. Die
trip-peln rasch zum Ni - ko - laus: „Komm, wir hel - fen dir."
„Komm, wir hel - fen dir." „Komm, wir hel - fen dir."
Da ist die ers -te schon, die reckt sich in die Höh. Sie
spannt sich vor den Schlit-ten schnell und zieht ihn durch den Schnee.

Liedanfang:

Fünf kleine Weihnachtsmäuse
ja, die seh ich hier.
Die trippeln rasch zum Nikolaus:
«Komm, wir helfen dir.»
«Komm, wir helfen dir.»
«Komm, wir helfen dir.»

Da ist die erste schon,
die reckt sich in die Höh.
Sie spannt sich vor den Schlitten schnell
und zieht ihn durch den Schnee.

Seht ihr die zweite dort,
die ist ja so geschickt.
Sie hat ganz dicke Wollhandschuh
dem Nikolaus gestrickt.

Da ist die dritte schon.
Sie steht am Tisch und rührt
und hat vom süßen Plätzchenteig
ganz heimlich schon probiert.

Seht ihr, die vierte backt
ein Pfefferkuchenhaus,
die Hexe, ganz aus Marzipan,
die guckt zum Fenster raus.

Und nun die kleinste hier,
die stapft durch Eis und Schnee
und bringt dem alten Nikolaus
rasch einen Hustentee.

Fingerspiel

  Die Finger einer Hand werden zu Weihnachtsmäusen.
  Zunächst trippelt der Zeigefinger auf dem Arm zum Nikolaus.
Dann haben die Finger nacheinander – passend zu jeder
Strophe – ihren Auftritt.
Schön ist es auch, für jede Maus eine kleine Fingerpuppe zu
basteln. Oder um die lange Zeit vor Weihnachten zu verkürzen,
ein Bild für jede Strophe zu malen.

Schneemann und Schneefrau

Text: Wolfgang Hering
Musik: Bernd Meyerholz

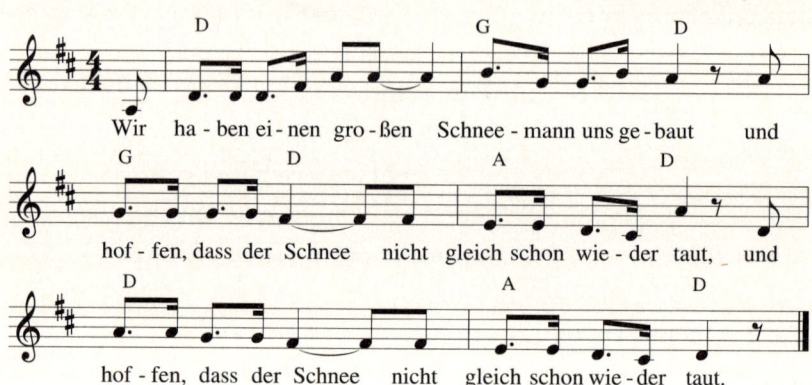

Wir ha-ben ei-nen gro-ßen Schnee-mann uns ge-baut und
hof-fen, dass der Schnee nicht gleich schon wie-der taut, und
hof-fen, dass der Schnee nicht gleich schon wie-der taut.

Wir haben einen großen
Schneemann uns gebaut
und hoffen, dass der Schnee
nicht gleich schon wieder taut.

Zwei Knöpfe sind die Augen,
ein Mund, damit er spricht.
Und dann eine Karotte
sitzt mitten im Gesicht.

Natürlich einen Hut
bekommt der Schneemann auch
und einen Besen in die Hand
vor seinen dicken Bauch.

Da steht er, unser Schneemann,
ganz einsam und allein.
Er schaut mit seinen Augen
wohl etwas traurig drein.

Wir bau'n ihm eine Schneefrau,
weil ihn das sicher freut.
Sie halten sich die Hände
und stehen da zu zweit.

Doch dann kommt die Sonne
heraus aus dem Versteck.
Und das schöne Liebespaar,
das schmilzt ganz einfach weg.

Die letzten beiden Zeilen jeder Strophe wiederholen.

Darstellungsspiel

Wir verabreden: Der Daumen ist der Schneemann und der andere Daumen die Schneefrau. Der weitere Text wird mit einfachen gestischen Bewegungen dargestellt. Mein Vorschlag:

1. Strophe:
Rechten Daumen hochstrecken. Mit den Fingern der linken Hand die Schneeflocken darstellen.

2. Strophe:
Mit beiden Daumen und Zeigefingern zwei Augen darstellen,
dann mit einem Finger einen Mund
und schließlich mit beiden Fäusten eine dicke, lange Nase zeigen.

3. Strophe:
Pantomimisch mit zwei Händen einen Hut darstellen.
Mit beiden Händen einen Besen in der Hand halten.
Mit einer Hand einen dicken Bauch zeigen.

4. Strophe:
Einen Daumen wieder nach oben halten.
Augen fangen fast an zu weinen.

5. Strophe:
Den Daumen der anderen Hand
nach oben strecken.
Beide Finger drücken sich.

6. Strophe:
Mit den beiden Händen eine
große Sonne darstellen.
Nochmal die Daumen
hochstrecken.
Die Daumen verschwinden
in der Faust.

Ich und du

Wolfgang Hering

Ich und du, du und ich, al - le hier im Krei - se.

Groß und klein, klein und groß sind wir jetzt ganz lei - se.

At - men aus und geh'n nach Haus. Uns - re Stun - de ist jetzt aus.

Ich und du,
du und ich,
alle hier im Kreise.
Groß und klein,
klein und groß
sind wir jetzt ganz leise.
Atmen aus und geh'n nach
Haus.
Unsre Stunde ist jetzt aus.

Winterzeit und Ausklang

Partnerspiel oder in der Kreisrunde

• Jeweils bei «ich» wird auf die eigene Person und bei «du» auf den Partner bzw. im Kreis auf den rechten Nachbarn gedeutet.
• Bei der Textstelle «alle» strecken alle ihren Finger in die Luft und vollführen eine Kreisbewegung.
• Bei «groß» strecken alle die Hände nach oben und bei «klein» nach unten.
• Danach wird die Zeile «sind wir jetzt ganz leise» zurückgenommen gesungen und eine entsprechende Geste ausgeführt, z. B. Hände ausstrecken mit den Handflächen nach oben, so als ob die Lautstärke gedrosselt werden sollte.
Alle atmen nochmal tief aus und fassen sich an den Händen, die sich bis zur letzten Zeile rhythmisch mitbewegen.

Spiel mit Kleinkindern

Der Erwachsene macht mit dem Kind zusammen die Bewegungen und führt dessen Hand. Zu den letzten beiden Zeilen wird auf der Stelle mitgetrampelt.

Liebe Leute, tschüs für heute

Wolfgang Hafner

Liebe Leute, tschüs für heute. Wir sagen uns
auf Wiederseh'n.
Liebe Leute, tschüs für heute, bald werden wir
uns wieder seh'n.
Große Leute, kleine Leute sagen (Namen einsetzen)
tschüs für heute.
Liebe Leute, tschüs für heute, bald werden wir
uns wieder seh'n.

Winterzeit und Ausklang

Dies ist ein Lied für den Abschied in einer Kindergruppe in Anlehnung an das allseits beliebte «Alle Leut». Wer mag, kann mit dem Singen des Stückes ein kleines Ritual verbinden, z. B.: Alle halten sich an den Händen oder sitzen im Schneidersitz auf dem Boden.

Namensspiel zum Abschied

Mein Spielvorschlag: Alle stehen oder sitzen im Kreis. Nach und nach werden die Namen der Teilnehmer in der vorletzten Zeile des Liedes eingefügt. Wenn es sehr viele Kinder sind, können auch mehrere Namen aneinander gehängt werden. Die Aufgerufenen verlassen den Kreis.
Sicher wird am Ende eine fröhliche Kinderschar auseinander gehen.

Nachwort

Eigene Erinnerungen

Wenn ich an meine Zeit im Kindergarten zurückdenke, fallen mir vor allem die alten Singspiele ein: «Es tanzt ein Bi-Ba-Butzemann», «Der Fuchs geht um», «Zeigt her eure Füße», «Dornröschen war ein schönes Kind» oder «Rote Kirschen ess ich gern». Ich kann mich sogar noch an die damit verbundenen Spielfassungen erinnern. Ich war der Bi-Ba-Butzemann, hab mich gerüttelt und geschüttelt, war der Prinz, der die Prinzessin wach küsste, und habe mit den Waschfrauen die Wäsche gewaschen. Viele dieser Lieder werden heute noch gerne – auch in den Kindergärten – gesungen. In der Grundschule lernte ich dann Lieder wie «Alle Vögel sind schon da», «Der Kuckuck und der Esel» und «Winter ade».

Es ist bestimmt kein Zufall, dass die Lieder aus meiner Kindergartenzeit alle zu den mündlich überlieferten alten Singweisen zählen und dass diejenigen aus meiner Schulzeit meistens einen Autor und Komponisten und damit auch – zumindest nach Auffassung meiner damaligen Lehrer(innen) – mehr ernsthaften Charakter hatten. Denn Schule war kein Ort, wo die Spiellieder der Kinder gesungen wurden – allenfalls auf dem Schulhof unter den misstrauischen Augen der Erwachsenen. Die Schüler sollten sich im Erziehungsprozess unterordnen, die Spiellieder aber machten (und machen) einfach Spaß, und die Texte hatten oft keinen tieferen Sinn.

Später am Gymnasium musste ich Liedtexte auswendig lernen, Kanons wurden eingeübt, deren Texte mir wenig verständlich waren, und wir haben Kunstlieder besprochen, die hauptsächlich unserem Musiklehrer gefielen und die wir tödlich langweilig fanden. Die spielerischen, lustvollen und leichten Momente der Musik fielen gänzlich unter den Tisch. Sicherlich gehört es zum Erwachsenwerden, Lieder mit Spielcharakter irgendwann als kindisch zu empfinden. Trotzdem denke ich, dass es musikalische Stücke gibt, die jede Altersgruppe ansprechen und bei Jugendlichen und Erwachsenen die Grunderfahrung des kindlichen rhythmischen Spiels wieder aufgreifen und erneuern.

Singen und Spielen bilden eine Einheit

Wenn ich heute mit Kindergruppen zu tun habe, merke ich, wie gerne sie auf das Angebot eingehen, Singen und Spielen miteinander zu verbinden. Viele Kinder wachsen ohne Geschwister auf. Wir haben heute immer weniger gemischte Kindergruppen auf der Straße, in denen die Größeren den Kleineren ganz nebenbei Verse, Lieder und Spiele weitergeben. Die Möglichkeiten, sich außerhalb der Wohnung zu treffen, sind oftmals begrenzt. Die Zahl der vorgefertigten Kinderspielsachen und Medienangebote nimmt zu. Es mangelt häufig an einfachen Anregungen und Impulsen für das scheinbar ganz schlichte Anliegen: Musik, Kindervers und Spiel altersgemäß miteinander zu verknüpfen.
Pädagogen und Eltern reagieren darauf: So werden in den Grundschulen «tägliche Bewegungszeiten» eingeführt, bei vielen Kinderfesten wird gesungen und gespielt, Eltern greifen zu CDs und Kassetten mit neuen Spiel- und Bewegungsliedern, Sportvereine machen sich fit im Bereich Musik und Bewegung.
In diesem Buch habe ich alte und neue Spiellieder zusammengestellt, die sich seit Jahrhunderten bzw. in den letzten Jahren bei unseren TRIO-KUNTERBUNT-Auftritten bewährt haben.

Kennzeichen aller Stücke ist, dass es zum Lied eine weitgehend durchgängige Spielhandlung gibt. Und: Sprach-, Musik- und Spielrhythmus sind gut aufeinander abgestimmt. Lieder mit ausgeprägten Rollenklischees, altertümlicher Wortwahl, unüblichen Wortbetonungen, verqueren Satzstellungen, zusätzlichen Füllsilben, Hintanstellungen und unglücklichen Reimen habe ich in meine Auswahl nicht aufgenommen. Bei den sehr alten Spielliedern habe ich deshalb manchmal den Text etwas verändert oder Strophen weggelassen, wie z. B. beim dem Lied «Grünes Gras» die Strophe «Nein, nein – du bist es nicht – gehe fort, ich mag dich nicht» oder beim «Fuchsspiel» die Version «Wer sich umschaut und lacht, dem wird der Buckel vollgemacht».

So ist eine Spielesammlung mit Spielliedern entstanden, die subjektiv ist, aber hoffentlich viel Pfiff hat – und bestimmt auch für Ihre Kindergruppe oder Ihren Kindernachmittag zu Hause das Richtige bietet.

Zum Begriff «Spiellied»

Beim Spiellied gehen Singen und Spielen eine interessante Verbindung ein. Die beiden Bereiche lassen sich vielfach nicht so genau trennen. Wilhelm Keller hat im Sinne von Carl Orffs elementarer Musik- und Bewegungserziehung das Spiellied so verstanden: «Der Begriff Spiellied ist sehr weit gefasst: Er meint die Verbindung von Elementen des Singens mit solchen der Bewegung, vom schlichten Gebärdenspiel über den Tanz zur szenischen Darstellung eines Textinhaltes, ferner die Einbeziehung von Musikinstrumenten ... bis zur Umwandlung des Liedes in ein Instrumentalstück und eine rein rhythmische Sprachgestaltung von Texten als Sprechspiel» (Keller 1970, S. 3).

Ulrich Baader ordnet die Spiellieder den Gruppenspielen zu. Sie «bilden unter den Bewegungsspielen, wie Fang-, Versteck-,

---

Ball-, Hüpfspiel u. a., eine eigene Gattung» (vgl. Baader 1979, S. 12). Es reicht also nicht, die Spiellieder nur in der Verbindung von Text und Musik zu betrachten – es muss auch die Umsetzung in der Gruppe mit einbezogen werden. Denn dasselbe Stück kann von verschiedenen Kindergruppen jeweils ganz anders gespielt werden. Die Regeln und Anweisungen lassen sich immer wieder verändern, so wie es die Kinder selbst seit Jahrhunderten tun.

Schwerpunkt ist nach meinem Verständnis immer das Spiel, das den Bewegungsablauf strukturiert. Ich kenne beispielsweise das Lied «Auf der grünen Wiese» mit sehr unterschiedlichen Melodien und Textbausteinen. Die Spielanweisung ist jedoch meist die gleiche. Die Kinder werden unter den Armen hochgehoben und fliegen mit dem Karussell im Kreis herum. Für Eltern und Pädagogen stehen die folgenden Fragen im Mittelpunkt: Wie kann ich das Spiellied gestalten? Welchen Stellenwert hat das Stück in meiner thematischen Schwerpunktsetzung? Welches Lied passt zu welchem Zeitpunkt? Und was ist die richtige Spielfassung für meine Kindergruppe?

Historischer Rückblick

Die Kinderspiele – zu denen das Spiellied ja auch gehört – haben eine lange Tradition. So finden sich auf dem Bild des holländischen Malers Pieter Bruegel von 1560 mit dem Titel «Kinderspiele» viele unterschiedliche Spiele, wie z. B. das Seilspringen und Hinkefuß, Kinder spielen mit Fassreifen oder blasen auf Tonflöten. Überall sind tanzende und spielende Menschen zu sehen. Ich nehme an, dass dabei auch rhythmisch gesprochen oder gesungen wurde.

Vermutlich sind die Spiellieder von Erwachsenen nie ganz ernst genommen worden. In der ersten großen deutschsprachigen Liedersammlung, «Des Knaben Wunderhorn» von 1808, gibt es eine Kinderlied-Abteilung, die aus reinen Texten ohne Noten und Spielanregungen besteht. (Das war eigentlich nicht verwunderlich, da die Herausgeber Achim v. Arnim und Clemens Brentano, beide Schriftsteller, fast ausschließlich literarisches Interesse hatten.) Im Laufe des 19. Jahrhunderts gab es dann die ersten Aufzeichnungen von Spielliedern, die Spielanregungen dazu wurden jedoch meist als bekannt vorausgesetzt und nicht mit aufgeschrieben. Erst gegen Ende des 19. und im 20. Jahrhundert gab es genauere Melodieaufzeichnungen und Spielbeschreibungen.

Mitte des 19. Jahrhunderts begann man, Kinderlieder auch für den pädagogischen Bereich zu nutzen. Ein Beispiel:

> «Pripe, Ninne, sause.
> Der Fuchs steht hinterm Hause:
> der hat ein' langen Schlitten mit
> und nimmt die bösen Kinder mit,
> die guten lässt er zu Hause.
> Pripe, Ninne, sause.»
> (Zitiert nach Vahle 1992, S. 17)

Lieder wurden also zur Disziplinierung eingesetzt und pädagogischen Regeln zugeordnet, mit Versen, die bis in unsere Zeit bekannt sind – denken wir an den Suppenkasper aus dem Struwwelpeter.

Mit der Verbreitung der Pädagogik Friedrich Fröbels bekamen auch die Spiellieder ihren Platz in der Erziehung. So wurde eines unserer besonders gern gesungenen Bewegungslieder «Wir öffnen jetzt das Taubenhaus» von Fröbel selber geschrieben, wenngleich wir heute eine überarbeitete Textversion verwenden. Das Spiel sollte in seinem Sinne die Gemeinschaft fördern. Auch hier waren die Kinder angehalten, sich den Spielregeln entsprechend zu verhalten. Das Verantwortungsgefühl sollte gefördert werden. In dem Buch, das Fröbel 1844 mit dem Titel «Mutter- und Koselieder» veröffentlichte, ging es ihm auch darum, Aussprache und Sprachverständnis der Kinder zu fördern.

In der Wandervogelzeit Anfang dieses Jahrhunderts entstanden viele neue Lieder, die oft sehr bewegungsorientiert sind. Der Übergang zum Tanz ist fließend. So gibt es den «Siebensprung» – mit der Spielidee, dass jeweils in einer Pause eine neue Bewegung hinzukommt – als Spiellied *und* als Tanz. Fritz Jöde, ein Hauptvertreter dieser Richtung und Vorreiter der «musischen Erziehung», hat viele Liedersammlungen veröffentlicht, in denen insbesondere auf die Spielbeschreibungen großer Wert gelegt wurde. Ein Buch hieß z. B. «Ringel Rangel Rosen. Spiel- und Ansingelieder für Haus, Kindergarten und Schule».

Neuere Untersuchungen, z. B. die ethnologisch ausgerichtete von Ulrich Baader «Kinderspiele und Spiellieder», belegen, wie verschieden die gleichen Lieder mit Textversionen und Spielfassungen verbunden waren und sind. Er differenziert bei den Spielen die Kategorien:

– zu Paaren,
– im Kreis,
– mit Auflösung des Kreises,
– in der Reihe, der ein einzelnes Kind gegenübersteht,
– in zwei Reihen, mit einem oder mehreren Überzähligen,
– mit Nachahmungen,
– mit Pantomimen und
– die lange Kette.

Baader fand bei seiner Untersuchung im süddeutschen Raum Anfang der 60er Jahre oftmals sehr viele unterschiedliche Varianten einer Spielidee. So hat er von dem Lied «Schornsteinfeger ging spazieren» bis zu zehn Textvariationen und ca. zwanzig verschiedene Spielfassungen gefunden.

In jüngerer Zeit ist eine unendliche Fülle neu geschriebener Kinderlieder hinzugekommen, die mit Spiel- und Bewegungsaufforderungen verknüpft werden. Kinderliedermacher verwenden dabei oft die alten Spielideen mit neuen Texten. Hier kommt es vor allem darauf an, dass das Timing stimmt – das richtige Zusammenspiel von Sprache, Musik und Bewegung – und dass die Texte moderne Themen aufgreifen.

Rhythmisierte Sprache

Wir haben es in den Spielliedern fast immer mit rhythmisierter Sprache zu tun. Das unterscheidet die Verse von der Prosasprache, wie wir sie im Alltagsgespräch, bei einer erzählten Geschichte, einem Märchen oder frei gesprochenen Fingerspielen vorfinden. Für Kinder sind Verse eine Unterstützung, um sich Lieder merken zu können. Ob es Nonsens-Verse sind (wie viele Abzählreime) oder kleine Gedichte mit Satzaussagen – immer bezieht sich der Spachduktus auf einen regelmäßigen Impuls: mal schneller, mal langsamer, aber fast immer gereimt. Verbunden mit einem Spiel ist der rhythmisierte Text also Teil der Spielregel. So kann ihn auch die ganze Kindergruppe gemeinsam sprechen oder singen und wiederholen.

Die Texte kommen der Auffassungsgabe von Kindern entgegen. Sie bestehen aus einfachen Sätzen oder Formeln, die häufig wiederholt werden und ähnliche Satzmelodien haben: «Ene mene muh – und aus bist du.» Der Sprachrhythmus entspricht dem Zählrhythmus. Wenn zweisilbige Wörter vorkommen, liegt die Betonung auf der ersten Silbe: «Ene mene mink mank munk mank mink mank, ene mene aka deia, aua weia meck – und du bist weg.» Bekannte Figuren aus der Kinderwelt tauchen auf: «Eine kleine Mickymaus zieht sich mal die Hosen aus, zieht sie wieder an – und du bist dran.» Im Grundschulalter verwenden die Kinder Spiellieder und Klatschspiele mit komplizierteren rhythmischen Strukturen: So haben zwar die meisten Spiele einen Zweier- oder Vierertakt als Grundlage: «Ein Mann, der fuhr zur See, See, See – als Oberkapitän» etc., aber es gibt auch rhythmische Akzentverschiebungen, wie z. B. bei:

> «Empompi koloni kolonastik,
> empompi koloni.
> Akademi Safari,
> akademiri puff puff.»

Hier wechselt der Zweierrhythmus im zweiten Teil in einen Dreiertakt. Zu beobachten sind dabei unterschiedliche Klatschvarianten. Die rhythmisierten Texte werden manchmal mit Ausscheidungs- und Gewinnspielen verbunden (vgl. Hering 1998).

Sprechverse und Spielideen

Jeder kennt kleine Spiele, die mit einem Vers verbunden sind. Das *Verstecken* z. B. beginnt mit dem Vers: «Eins, zwei, drei, vier Eckstein – alles muss versteckt sein. Hinter mir und vorder mir – gilt es nicht – ich komme.» Dann darf gesucht werden.

Ein *Ratespiel*:
«Ich seh etwas, was du nicht siehst, und das ist (grün).»

Ein *Zählspiel*:
«Otto hat ein rotes Hemd heut an, wie viel Knöpfe sind da dran?»

Ein *Namensspiel*:

> «Eine kleine Spitzmaus,
> läuft übers Rathaus,
> wollte sich was kaufen,
> hatte sich verlaufen,
> setzte sich ins grüne Gras,
> machte sich die Pfoten nass.
> I, a, u,
> wie heißt denn du?»

Ein *Abzählspiel*:

> «Teddybär, Teddybär,
> dreh dich um.
> Teddybär, Teddybär,
> mach dich krumm.
> Teddybär, Teddybär,
> zeig deinen Fuß.
> Teddybär, Teddybär,
> wie alt bist du?
> 1, 2, 3, 4 . . .»

Die Altersangabe wird geklatscht oder mit Umdrehungen ange-
zeigt.
Das rhythmische Sprechen legt hier – wie bei den gesungenen
Spielliedern – die Dauer des Spieles fest.

Ganze *Bewegungsspiele* sind mit Versen verbunden:

> Der Storch
> Der Storch, der steht so ganz allein
> *die Kinder stehen in einem Reifen*
> in seinem Nest auf einem Bein.
> *und stellen sich auf ein Bein.*

Klappt mit dem Schnabel uns zum Gruß
  sie legen die Arme als Schnabel aufeinander
und wechselt auf den andern Fuß.
  und klappen ihn auf und zu

Dann breitet er die Flügel aus
  sie stellen sich auf das andere Bein
und fliegt zu einem andern Haus.
  und fliegen in einen anderen Reifen

Oder beim Ballspielen:
  «Lieber Ball, sag mir doch:
    sie zählen so lange, wie der Ballspieler
  Wie viel Jahre leb ich noch?»
    keinen Fehler macht.

Im *Märchen* tauchen ebenfalls immer wieder rhythmisierte Verse
auf:
  «Spieglein, Spieglein
  an der Wand,
  wer ist die Schönste im ganzen Land?»
Und die Antwort:
  «Frau Königin, das ist Schneewittchen
  hinter den Bergen,
  bei den sieben Zwergen.»

Wie ein Refrain ziehen sich die Verswiederholungen durch die
Geschichten.

  «Ach, wie gut, dass niemand weiß,
  dass ich Rumpelstilzchen heiß.»
  oder:
  «Tischlein deck dich, Knüppel aus dem Sack.»

Die Beispiele ließen sich beliebig fortsetzen. Wenn wir an die *Märchen* denken, fallen uns oftmals diese Reime ein. Sie erhöhen die Attraktivität und das Wiedererkennen der Erzählung. Gedanklich können die Zuhörer sich an diesen Stellen kurz erholen, bevor es mit dem Verlauf der Geschichte weitergeht.

Rolf Krenzer weist auf diese Gemeinsamkeit zwischen Spiellied und Märchen hin: «Bei vielen überlieferten Spielliedern handelt es sich ebenso wie bei den Märchen um Volksgut im wahrsten Sinne des Wortes. So verlief auch die Entwicklung des Spielliedes parallel zu der des Märchens. Der jeweilige Spielinitiator oder Erzähler hütete das ihm vertraute überlieferte Volksgut, identifizierte sich mit ihm und stellte sich in seiner Darbietung, seiner Anregung auf seinen Zuhörerkreis ein und brachte die überlieferten Inhalte so beteiligt vor, dass die Zuhörer von dem Stoff, von der Handlung und von dem Engagement bzw. der Erzählweise und dem Menschen selbst, der erzählte, gefesselt wurden» (Krenzer 1993, S. 16).

Wir haben auch zahlreiche *Kreisspiele*, bei denen ein Vers gesprochen und ein Impuls im Kreis weitergegeben wird:

«O munni, munni, mei,
Makkaroni, futschi dei,
Futschi dei, dei, dei,
Papagei, gei, gei.
Pfefferminzbonbon,
Qualität 1a,
alle Affen, die da gaffen,
machen sst ta ta.
Alle Schweine an der Leine
machen mm da da.»

Die Spielidee bei diesem Stück basiert darauf, dass ein Impuls im Kreis auf die Taktschläge des gesprochenen rhythmischen Verses rundgeht. Die Bewegungsabfolge kann unterschiedlich sein, z. B. bekommt man einen Klaps vom rechten Nachbarn und gibt diesen mit der anderen Hand dem linken Nachbarn weiter. Nun wird die Regel aufgestellt, dass bei der letzten Silbe des Verses die Hand von demjenigen, der den Impuls bekommt, weggezogen werden muss. Gelingt ihm das, so scheidet der Impulsgeber aus, wenn nicht, so muss er selbst gehen. Ein Ausscheidungsspiel also, bei dem es auf das Reaktionsvermögen ankommt.

Eine Übergangsform zwischen Sprechen und Singen sind die *Leiermelodien* mit zwei oder drei Tönen, wie wir sie bei den Kniereitern, manchen Fingerspielen und einigen Klatschspielen haben. Als Beispiele seien «Backe, backe Kuchen» oder «Bei Müllers hat's gebrannt» genannt. Der Übergang zwischen Sprechen und Singen ist hierbei fließend.

Andere Stücke – wie die meisten *Fingerspiele* – basieren auf dem gestisch-pantomimischen Spiel. Als Bewegungs- oder Klanggeschichte kommt es hier besonders auf die Animation durch die erzählenden Erwachsenen an. Die Story wird nicht nur erzählt, sondern auch mit Bewegungen und/oder Musik dargestellt. Viele solcher überlieferten und neuen «Klatsch- und Klanggeschichten» habe ich im Buch «Aquaka della oma» (Hering 1998) zusammengestellt. Auch diese Texte enthalten oft Spielelemente, und es gibt Kombinationen von frei erzählter Story und rhythmischem Vers, wie z. B. bei der allseits bekannten «Löwenjagd». Die Schulung der Feinmotorik fördert auch das Schreibenlernen.

Viele *Spielideen* leben von der gleichmäßigen Rhythmisierung, wie das Abzählen, Partnerklatschen und Kreisimpulsgeben. Der Einsatz von Klanggesten, wie Klatschen, Patschen, Schnipsen oder Stampfen, erleichtert das Einhalten des Taktschlages, auch Metrum oder Beat genannt.

Einen positiven Effekt haben rhythmisierte Verse und Lieder auch bei verschiedenen Therapien, z. B. bei der Sprachförderung (Stottern) oder der Verhaltenstherapie (Hyperaktivität), also vor allem bei Auffälligkeiten, die die Konzentrationsfähigkeit betreffen. Dieser Effekt wird auch beim Lesenlernen und beim Fremdsprachenlernen genutzt.

Rollenspiel

Ganz besondere Bedeutung kommt dem Rollenspiel zu. Hier können Kinder leicht bekannte Tiere, Figuren aus der Märchen- und Phantasiewelt und Personen aus ihrer näheren Umgebung nachahmen. Sie bewegen sich dabei in der Reihe, stehen alleine in der Kreismitte, suchen sich einen Partner aus, tauschen die Plätze. Durch Imitation und Einnehmen eines besonderen Platzes in der Gruppe üben sie sich im Probehandeln und schlüpfen für kurze Zeit in eine andere Rolle. Dabei testen sie oft ihre Grenzen aus. Es ist ein Spiel mit Macht und Ohnmacht, mit Zuneigung und Ablehnung, Ausprobieren von Neuem und Wiederholen von Bekanntem. Oft gibt es dabei einen Wechsel zwischen Spannung und Auflösung. Im Dornröschenspiel und bei «Hänsel und Gretel» z. B. lernen sie, mit Angst und Bedrohung umzugehen. Meist siegt das Gute über das Böse. Je öfter die Stücke gesungen und gespielt werden, umso mehr Sicherheit geben sie. Es kommt eine positive Grundhaltung zum Tragen. Spielen, Tanzen, Bewegen und Singen bilden eine Einheit.
Mit kleinen Requisiten wie Bällen, Seilen, Reifen oder Luftballons können Spiellieder zusätzlich gestaltet werden. Entsprechend müssen dann die Spielabsprachen verändert werden. Insbesondere beim Kinderturnen geht es um die Koordination von Bewegungsablauf und Inszenierung der Materialien.
Beispiele sind in diesem Buch der «Wolkentanz», «Auf der Insel Luftikus» und «Mein Ball, der rollt». Entsprechend müssen dann die Gruppenstunden vorbereitet werden.

Formen des Spielliedes

Die Grundform ist sicherlich das *Kreisspiel*, das auf alte Tanz- und Feierrituale zurückzuführen ist. Ein oder mehrere Kinder können sich innerhalb und außerhalb des Zirkels bewegen. Es gibt viele Spiele, bei denen sich der Kreis zeitweise auflöst und dann wieder – sozusagen als Grundaufstellung – zusammenkommt.

Eine sehr kommunikative Form ist das *Partnerspiel zu zweit*. Ob ein Erwachsener und ein Kind oder zwei Kinder sich aufeinander beziehen, immer geht es um eine genaue Absprache mit dem Gegenüber. Die Klatschspiele sind vor allem im Grundschulalter beliebt und weisen zum Teil sehr komplexe Spielregeln auf, z. B. Grätschen und Singen gleichzeitig, Veränderungen des Taktmetrums, hohes Tempo der Bewegungen.

Etwas seltener sind die *Reihenlieder*, bei denen sich zwei Reihen gegenüberstehen und zusammen eine Gasse bilden. Die Reihen können zur Schlange aneinander gehängt werden. Die Art und Weise, wie sich die Mitwirkenden festhalten, kann verschieden sein, z. B. Hände auf den Schultern, Arme eingehakt, die Hände gefasst etc.

Häufig werden Spiellieder *in pädagogischen Situationen* eingesetzt. Erzieherin, Lehrer oder Lehrerin machen die Bewegungen vor, und alle imitieren die Spielhandlung.

Anspruchsvoller ist die *Übernahme einzelner Rollen aus dem Stegreif* mit spontanen Improvisationen. Der Ablauf sollte aber besser vorher in der Gruppe geklärt und die Gestaltung dann inszeniert werden.

Sehr beliebt sind Lieder, die einen *durchgängigen Spiel- und Bewegungsablauf* haben und abwechslungsreich gestaltet sind. Die Dramaturgie ist sozusagen mitkomponiert. Es gibt verschiedene Phasen, die entsprechend ausgebaut oder verkürzt werden können. Sprache, Musik und Bewegung werden wie drei Jonglierbälle verwendet. Gelungene Spiellieder weisen meist eine Balance zwischen diesen Polen auf, z. B. passen schnelle Sechzehntelnoten nicht zu einer langsamen Kreisbewegung oder komplexe Textaussagen harmonieren nicht mit einer einfachen Spielidee.

Zum Einsatz von Spielliedern

Die meisten Lieder sollten «a cappella» (ohne Instrumentalbegleitung) mit der gleichzeitig stattfindenden Spielhandlung gesungen werden. Denken Sie daran, die Stücke nicht zu tief anzustimmen, damit die Kinder mit ihren höheren Tonlagen richtig mitsingen können. Singen und Spielen bilden – auch beim Gruppenleiter – eine Einheit. Ganz pfiffig und für manchen eine Erleichterung ist der Einsatz von Playback, damit man leichter zur Musik singen und gleichzeitig mitspielen kann.

Stellenweise ist es sinnvoll, den Text erst zu sprechen und dann die Melodie hinzuzunehmen. Normalerweise gibt es einen Vorlauf, in dem die Spielregel geklärt wird. Und erst wenn die Gruppe das Stück gut im Griff hat, kann zusätzlich Instrumentenbegleitung zur Unterstützung herangezogen werden.

Selbst wenn viele Kinder ein Lied schon kennen, so können doch die ihnen vertrauten Interpretationen sehr verschieden sein. Wir singen also «Taler, Taler, du musst wandern» – müssen aber abklären, wie das Geldstück entdeckt werden soll. Die Vorgaben können immer wieder verändert werden, jedoch sollte das einvernehmlich mit allen passieren. Und: Zumindest eine Spielrunde lang sollten die Absprachen genau eingehalten werden. Ich denke, es ist so ähnlich wie bei Brettspielen, die ja oft auch verschiedene Regeln haben.

Die Bewegungsabläufe sollten nicht zu schnell wechseln und dem Alter des Kindes angemessen sein. Oft hilft, gerade wenn es bei den Kleineren nicht klappt, das Spiellied langsamer zu singen.

Die Stücke lassen sich oft gut in einen thematischen Zusammenhang einbinden. Das können jahreszeitliche Anlässe, Themenvorgaben bei Festen, Wochenpläne im Kindergarten oder Lehrpläne der Schulen sein.

Spiellieder sind manchmal eine Hilfe, um schwierige Gruppensituationen in den Griff zu bekommen. Ob eine Kennenlernphase ansteht oder aktionsgeladene Angebote gefragt sind, ob Kooperation und Ausdrucksfähigkeit gefördert werden sollen oder Entspannungs- und Erholungszeiten interessant gestaltet werden müssen – immer bietet sich der Einsatz einzelner Spiellieder in der Kindergruppe an.

Spiellieder gehören also überall hin: zum Kindergeburtstag, zum Stuhlkreis, zum Sport- und Musikunterricht, zum Warten auf Besuch zu Hause, zum Leben auf dem Campingplatz und zum geselligen Beisammensein. In der Regel brauchen wir keine großartigen zusätzlichen Spielgeräte. Wichtig ist nur, dass derjenige, der das Spiellied anleitet, das Stück und die Gestaltung beherrscht. Kinder sind ein dankbares Publikum. Wenn Sie ein paar Spiellieder auswendig kennen, werden Sie mit Sicherheit bald eine kleine Fan-Gemeinde haben.

Literatur

Arnim, Achim von/Bretano, Clemens: *Des Knaben Wunderhorn*, Heidelberg 1806–1808

Baader, Ulrich: *Kinderspiele und Spiellieder*, Tübingen 1979

Batel, Günter: *Spiellieder und Bewegungsspiele in der Musiktherapie*, Stuttgart 1992

Baum, Heike: *Spiele aus Großmutters Zeit*, Freiburg 1994

Böhme, Franz Magnus: *Deutsches Kinderlied und Kinderspiel*, Leipzig 1897

Evers, Magrit: *Das Spielgruppenbuch*, Weinheim 1994

Fröbel, Friedrich: *Mutter- und Koselieder*, Leipzig 1844

Hafner, Wolfgang: *Zu jeder Zeit – neue Spiel- und Kinderlieder*, Kehl (Eigenverlag) 1999

Hahn, Grete: *Lied und Spiel – für die ersten Schuljahre*, Hannover o. J.

Hering, Wolfgang/Meyerholz, Bernd: *Kinderlieder zum Einsteigen und Abfahren*, Bonn-Bad Godesberg 1986

Hering, Wolfgang/Meyerholz, Bernd: *Kinderlieder zum Einsteigen und Abfahren 2*, Bonn-Bad Godesberg 1994

Hering, Wolfgang: *Bewegungslieder für Kinder*, Reinbek 1994 (rororo 19681)

Hering, Wolfgang: *Aquaka della oma – 88 Klatsch- und Klanggeschichten* (Ökotopia-Verlag), Münster 1998

Hessisches Institut für Lehrerfortbildung (Hg.: Franz Amrhein u. a.): *Lernfeld Bewegungsspiele*, Kassel 1980

Jöde, Fritz: «*Ringel Rangel Rosen. Spiel- und Ansingelieder für Haus, Kindergarten und Schule*», Leipzig 1913

Kabitz, Ulrich/Holzmeister, Johannes: *Der Eisbrecher*, Boppard o. J.

Keller, Wilhelm: *Spiellieder*, Boppard 1970

Klausmeier, Friedrich: *Die Lust, sich musikalisch auszudrücken*, Reinbek 1978

Krenzer, Rolf: *Deine Hände klatschen auch. Spiellieder für Kinder*, Lahr 1993

Langosch-Fabri, Hella: *Alte Kinderspiele – neu entdecken*, Reinbek 1990 (rororo 9537)

Salzer, Elisabeth: *Rundherum im Kreis. Beliebte Kreisspiele*, München 1984

Theisen, Peter: *Klassische Kinderspiele*, Weinheim/Basel 1994

Trautwein, Gisela: *Alte Kreisspiele – neu entdeckt*, Bd. 1/Bd. 2, Freiburg 1993/1994

Vahle, Fredrik: *Kinderlied*, Weinheim/Basel 1992

Woll, Johanna: *Alte Kinderspiele*, Stuttgart 1995

Veranstaltungen

Wolfgang Hering bietet Konzerte und Workshops / Fortbildungen für Kinder und Erwachsene an. Er kommt je nach Absprache allein oder mit dem TRIO KUNTERBUNT zu Konzerten für kleine Kinder ab 2 Jahren; für Kinder ab 4 Jahren; Spiele und musikpädagogische Anleitungen werden für ältere Kinder angeboten. Workshops und Fortbildungen wenden sich an Erzieherinnen, Lehrerinnen und Eltern mit verschiedenen Schwerpunkten.

Kontaktadresse:

MPR-Promotion
Hüttenbergstr. 4
34131 Kassel
Tel.: 0561/2 69 55
Fax: 0561/28 52 65

Kinder haben eine Lobby

die **Deutsche Liga für das Kind**

Partner von *rororo Mit Kindern leben*

Die Deutsche Liga für das Kind ist ein Zusammenschluß der wichtigsten Verbände, die sich für die Belange der Kinder in den ersten Lebensjahren einsetzen.

Die Liga verfaßt Stellungnahmen zu Gesetzentwürfen, organisiert Fachtagungen, initiiert Projekte, ist Herausgeber der Zeitschrift *frühe Kindheit* und bietet Eltern und Fachleuten ihre Service-Leistungen an.

Für einen guten Start ins Leben
Die Info-Pakete der Deutschen Liga für das Kind

☐ **Paket 1** (12,- DM incl. Versandkosten)

- Informationen über Mutterschutz und staatliche Leistungen für Eltern
- Entwicklungskalender erstes Lebensjahr
- Faltblatt mit Informationen zum Stillen
- Adressenliste von Einrichtungen „Rund um die Geburt und das 1. Lebensjahr"
- Informationen über die Deutsche Liga für das Kind
- Gesamtverzeichnis der Reihe *Mit Kindern leben*

☐ **Paket 2** (18,- DM incl. Versandkosten)
Inhalt wie Paket 1, zusätzlich:
- 12 Elternbriefe zum 1. Lebensjahr, hrsg. vom Arbeitskreis Neue Erziehung
- Probeexemplar der Zeitschrift *frühe Kindheit*

Sie können Ihre Bestellung telefonisch oder per Fax aufgeben oder diese Seite an folgende Adresse schicken:

DEUTSCHE LIGA FÜR DAS KIND in Familie und Gesellschaft e.V.
Chausseestr. 17, 10115 Berlin
Tel.: 030 - 28 59 99 70   e-mail: Liga-Kind@liga-kind.de
Fax: 030 - 28 59 99 71   Internet: www.liga-kind.de
Commerzbank Berlin, Konto 266 2385, BLZ 100 400 00